Début d'une série de documents
en couleur

ÉPIGRAPHIE INDIGÈNE

DU

MUSÉE ARCHÉOLOGIQUE D'ALGER

SUIVIE

D'UN MUSÉE MURAL A ALGER

PAR

Albert DEVOULX

CORRESPONDANT DU MINISTÈRE DE L'INSTRUCTION PUBLIQUE

POUR LES TRAVAUX HISTORIQUES

ALGER

TYPOGRAPHIE ET LITHOGRAPHIE A. JOURDAN

—

1874

INVENTAIRE général des archives du Consulat général de France à Alger.

GRAND DICTIONNAIRE FRANÇAIS-ARABE, contenant tous les mots (avec les voyelles) de l'idiôme littéral et des dialectes parlés en Algérie. 2 vol grand in-8° de 1,200 pages, sur 2 colonnes.

DICTIONNAIRE ARABE-FRANÇAIS, contenant les mots les plus usités de l'idiôme littéral (avec les voyelles), et tous les mots des dialectes parlés dans les diverses parties de l'Algérie, avec les pluriels, le féminin, l'indication du genre, etc. Un vol grand in-8° de 1,600 pages, environ, sur 2 colonnes.

3° OUVRAGES EN PRÉPARATION

L'ODJACK D'ALGER, étude sur l'organisation politique et militaire de la Régence d'Alger, accompagnée d'environ 500 documents inédits et authentiques.

EL MEKHAZENIYA, étude sur l'organisation administrative et judiciaire de la Régence d'Alger, accompagnée d'environ 400 documents inédits.

LES CHEFS DE LA RÉGENCE D'ALGER, essai de chronologie des pachas, agas, deys et pachas-deys d'Alger, avec documents, renseignements et fac-simile de cachets.

LA CHRÉTIENTÉ DEVANT LA RÉGENCE D'ALGER, notice sur les tributs payés, à Alger, par diverses puissances européennes.

GLANURES HISTORIQUES, recueil de documents inédits concernant l'histoire intérieure d'Alger, avec notes et éclaircissements.

CHRESTOMATHIE HISTORIQUE, recueil de documents inédits relatifs à l'histoire extérieure d'Alger ; avec notes et éclaircissements.

LE REGISTRE DES ESCLAVES CHRÉTIENS, traduction d'un document inédit et authentique, concernant la vente des chrétiens capturés par les corsaires algériens.

LES RAIS ALGÉRIENS, notice sur les plus célèbres corsaires d'Alger.

TABLETTES ALGÉRIENNES, recueil de renseignements historiques concernant les relations de la Régence d'Alger avec l'Egypte et les Régences de Tunis et de Tripoli.

VENT-DANS-LES-ROSEAUX, notice sur une célèbre courtisane algérienne.

HISTOIRE D'ALGER.

Fin d'une série de documents
en couleur

ÉPIGRAPHIE INDIGÈNE

DU

MUSÉE ARCHÉOLOGIQUE D'ALGER

SUIVIE

D'UN MUSÉE MURAL A ALGER

PAR

Albert DEVOULX

CORRESPONDANT DU MINISTÈRE DE L'INSTRUCTION PUBLIQUE

POUR LES TRAVAUX HISTORIQUES

ALGER

TYPOGRAPHIE ET LITHOGRAPHIE A. JOURDAN

1874

ÉPIGRAPHIE INDIGÈNE

DU

MUSÉE ARCHÉOLOGIQUE D'ALGER

Pendant la période turque, il a été d'un usage presque sans exception de placer une inscription sur toute nouvelle bâtisse offrant un caractère de piété ou d'utilité générale. Ces inscriptions rappelaient la date de la construction et le nom, soit du fondateur, si la fondation était dûe à l'initiative privée, cas le plus fréquent pour les mosquées et les divers édifices du culte, les fontaines, les puits et autres créations charitables ; soit du Pacha qui avait ordonné les travaux, lorsqu'il s'agissait de forts, de batteries, de casernes, de ponts et autres entreprises que les particuliers ne pouvaient aborder ; soit, enfin, mais exceptionnellement, de l'architecte, ou, pour mieux dire, du maçon qui avait dirigé la construction. Cette coutume, qu'elle ait été dictée par la reconnaissance ou par une excusable vanité, présentait, au point de vue historique, un grand avantage dont nous pouvions profiter. Il y avait, en outre une abondante récolte épigraphique à faire dans les immenses cimetières qui entouraient la ville. Dans l'intérêt de l'histoire et de la topographie locale, nous aurions dû recueillir soigneusement les inscriptions des édifices que nous démolissions, et les épitaphes des tombes que nous détruisions, pour accomplir notre œuvre de transformation. Il n'en a malheureusement rien été, et nous avons fait preuve, en cette matière, il faut bien l'avouer, d'une déplorable négligence. Une quantité considérable de plaques intéressantes ont été détruites ou employées comme matériaux, par incurie ou par cupidité. Le Musée archéologique, créé seulement en 1838, n'a réussi à recueillir, par achat ou abandon volontaire, qu'un petit nombre de ces précieuses épaves. La création de cet utile établissement n'a pu, d'ailleurs, empêcher de nouveaux actes de vandalisme de se produire dans l'enceinte même de la ville d'Alger. On n'ose penser à ce qui se passe dans les ruines romaines qui gisent isolées dans les champs, loin du regard ami des personnes qui s'intéressent aux vestiges des siècles écoulés.

Les Algériens gravaient leurs épigraphes sur des plaques qu'ils taillaient presque toujours dans le marbre. L'ardoise n'était employée que pour les épitaphes et seulement lorsqu'il s'agissait de gens obscurs ou peu fortunés. On avait recours à deux méthodes pour graver les inscriptions, après qu'un calligraphe les avaient tracées sur celles des faces des tablettes qu'on avait polies et préparées pour les recevoir. Dans le premier cas, on creusait la pierre tout autour de l'écriture, de façon à ce que les caractères formassent un relief plus ou moins prononcé. Dans le second système, on creusait d'abord les lettres, en établissant de distance en distance des petits trous au fond de la concavité; puis on remplissait les creux avec du plomb, lequel trouvait un point d'appui en s'enfonçant dans les petits trous; enfin, on égalisait le plomb de manière à ce qu'il ne formât pas de saillie sur la plaque, laquelle offrait ainsi une surface parfaitement unie. De loin, l'écriture semble peinte en noir sur le marbre, et elle est bien plus facile à lire que lorsqu'elle se détache en relief, car dans ce dernier cas, l'uniformité de la teinte nuit à la lecture. Mais ce système se prête difficilement à l'estampage, et il est généralement impossible d'obtenir une épreuve suffisante avec la mine de plomb et le papier calque, seul moyen à essayer en pareille circonstance. Les deux méthodes que je viens de décrire ont été employées concurremment pendant la période turque, en sorte qu'à défaut de date précise, il est impossible de puiser une indication chronologique dans la préférence accordée

à l'une d'elles. Toutefois, j'ai cru remarquer que les caractères
remplis de plomb ont été plus en faveur au commencement et à
la fin de la domination ottomane. Les bien rares épigraphes
antérieures aux Turcs, qui sont parvenues jusqu'à nous, appartiennent au premier système, mais le relief est très-faible et
l'exécution laisse beaucoup à désirer. Je dois aussi mentionner
une troisième méthode — qui semble empruntée aux inscriptions
romaines, — laquelle consistait à creuser faiblement les lettres et à
rendre les caractères plus apparents en les revêtant d'une peinture rouge. Je n'en connais que trois exemplaires, dont un paraît
appartenir aux derniers jours de la période berbère (n° 86 du
catalogue); le second date des premiers moments de la domination turque (n° 11 du catalogue); quant au troisième, il ne contient aucune indication chronologique.

L'épigraphie indigène n'offre pas d'abréviations ; c'est là une
grande difficulté de moins. D'un autre côté, la forme particulière
qu'affectent la plupart des lettres lorsqu'elles sont finales, facilite la lecture. Mais ces avantages sont compensés par une fantaisie graphique qui ne manque pas de gravité, et qui ajoute
beaucoup à l'obscurité de la langue arabe. Souvent les mots ne
sont pas à la place qu'ils doivent occuper dans la phrase ou —
licence encore plus gênante, — les lettres composant un même
mot sont dispersées, le tout pour tirer le meilleur parti possible
d'un cadre trop restreint, ou simplement pour produire un
meilleur effet au point de vue de la calligraphie, du dessin.
De plus, les exigences de la prose rimée amènent fréquemment
l'emploi d'expressions peu appropriées au sujet, et qui ne font
qu'altérer le sens et rendre encore plus obscur un style préten-
tieux, ampoulé, boursouflé, dans lequel ne règne pas toujours
une logique rigoureuse. Quelques-unes de ces inscriptions sont
si mal rédigées ou si mal exécutées, que les indigènes les plus
versés dans ce genre de difficultés, avouent leur impuissance à
les comprendre.

Le Musée archéologique d'Alger ne comprend que 102 inscriptions indigènes, dont 76 arabes et 26 turques, que je vais
publier en suivant le numéro d'ordre qu'elles portent sur le
catalogue de cet établissement. Ces inscriptions sont inédites

pour la plupart (1), le *Livret explicatif* de Berbrugger (2) n'en offrant ni le texte ni la traduction, et se bornant à donner quelques indications souvent incomplètes et parfois à modifier.

N° 1. Grande et belle inscription turque, dont les lettres, appartenant au type oriental, sont gravées en creux rempli de plomb, sur une plaque de marbre blanc, encadrée d'arabesques et mesurant 0m81 de hauteur sur 1m85 de largeur (3).

(*Alger*, par M. Albert Devoulx ; f° 79, recto, du manuscrit).

(*Livret explicatif*, page 135 : inscription turque sur une tablette de marbre blanc, hauteur, 0 m. 85 c., largeur, 1 m. 85 c. Lettres en plomb, encadrement d'arabesques ; mention d'*Hossaïn-Pacha* ; provient, dit-on, de Djama-Sïida. Remis en mars 1842 par M. le Colonel Directeur du Génie.)

ما شا الله سبحان الله مظفر قلسون متين * اهل اسلامه قوتندر

شاد اولسون روى زمين

اسلامده بر قرار اولسون قهر اولسون اعداء دين * اوچلر يديلر

وقرقلر دستكير اولسون هيين

بانيسين بر مراد اتسون خلاق للعالمين * بانيسى حسين پاشا

حافظى رب الامين

الله عدد دن بر يدر معدود قلموپك غريب * تاريخيدر نصر

من الله وفتح قريب

---

(1) Sauf deux ou trois exceptions, les seules publications que je connaisse, sont celles que j'ai faites : 1° dans le *Moniteur de l'Algérie*, à l'occasion de mon travail sur les fortifications turques d'Alger ; 2° dans mon travail sur les édifices religieux de l'ancien Alger. J'ai compris dans mon travail intitulé *Alger*, celles des inscriptions du Musée qui proviennent des fortifications, des édifices publics, des fontaines, etc. Mais cet ouvrage, qui a eu l'honneur d'être couronné au concours d'archéologie du ressort académique d'Alger, en 1870, est encore inédit.

(2) Alger, *Bastide*, 1861 ; un vol. in-16. Prix : 2 fr.

(3) J'appelle *largeur* la partie de la surface qui est mesurée parallèlement aux lignes d'écriture.

Je traduis comme il suit; d'après feu Mohammed ben Otsman Khodja (1).

Que la volonté de Dieu s'accomplisse. Que la grandeur de Dieu soit proclamée! (Cet édifice) victorieux et solide sera, ∴ pour les peuples de l'Islam une force par laquelle se réjouira la surface de la terre;

Et l'Islam, dans la sécurité, sera vainqueur des ennemis de la religion, ∴ assisté des Trois, des Sept et des Quarante, en personne (2).

Que le Créateur de l'univers exauce les vœux de son constructeur. ∴ Il a été bâti par Hossaïn-Pacha, que Dieu, le digne de confiance, le conserve!

Dieu est au-dessus de toute supputation; la pluralité de son existence serait donc bien étrange! (3). ∴ Sa date (est) *une assistance émanant de Dieu et une victoire prochaine.*

Le chronogramme qui a la prétention de remplacer la date, ne nous est pas d'une grande utilité, car il est incontestablement fautif. En effet, l'addition des lettres composant la phrase indiquée comme ayant une valeur chronologique, donne un total de 1302, ce qui est un résultat inadmissible, puisqu'en ce moment l'hère hégirienne ne compte encore que 1289 années.

Ainsi qu'on a pu le voir dans l'extrait textuel que j'ai donné du *Livret explicatif,* Berbrugger avance, en termes dubitatifs, il est vrai, que l'inscription dont je m'occupe, provient de la mosquée dite Djama Siida, démolie en 1832 et dont l'emplacement correspond à peu près à la place des *bambous,* devant l'hôtel de la Régence. Nous nous trouvons ici en présence d'une

---

(1) En ce qui concerne les inscriptions turques, Mohamed ben Otsman Khodja, aujourd'hui décédé, les a traduites en arabe, et c'est cette version arabe que j'ai traduite moi-même en français. Ce système de double traduction laisse sans doute beaucoup à désirer, mais je n'avais pas le choix des moyens.

(2) Il s'agit des êtres surnaturels du mysticisme musulman.

(3) Ceci est une attestation de l'unité de Dieu. Elle est à l'adresse des chrétiens, que les musulmans accusent de polythéisme à cause du dogme de la Trinité.

difficulté que nous ne rencontrerons que trop souvent. La plupart des inscriptions composant la section indigène du Musée, n'ont été vendues, données ou remises à cet établissement que longtemps après leur déplacement, en sorte que personne ne pouvait fournir de renseignements sur leur provenance. Cette circonstance regrettable laisse planer sur l'origine de plusieurs épigraphes arabes ou turques, une obscurité qu'il sera probablement impossible de jamais dissiper.

Dans le cas présent, je ne puis adopter la version dont Berbrugger s'est fait l'éditeur sous toutes réserves. D'un côté, il est certain que Hossaïn-Pacha, le dernier dey d'Alger, n'a fait exécuter aucuns travaux dans la mosquée dite *Djma Siida* (1). D'un autre côté, il est facile de se convaincre par l'examen de l'inscription en litige, qu'elle se rapporte, non à une mosquée quelconque, mais bien à un fort. Son style n'est nullement celui qu'on employait d'ordinaire pour les mosquées. Rien ne rappelle un lieu de prière et de dévotion, un édifice consacré à Dieu. Bien que la destination du local ne soit pas explicitement indiquée, il me semble qu'un lieu *solide* et *victorieux*, qui contribue à la puissance de l'islamisme et qui doit servir à remporter des victoires sur les ennemis de la religion, ne saurait être autre chose qu'une batterie. Les formules employées doivent, à mon avis, lever tous les doutes.

Après avoir rejeté sans hésitation l'attribution proposée par le *Livret explicatif*, j'ai attentivement recherché auquel des forts d'Alger l'inscription n° 1 pouvait avoir appartenu. Les fortifications élevées par Hossaïn-Pacha, à ma connaissance du moins, sont encore debout et munies de leurs plaques, à l'exception du fort dit *bordj bab el-behar* (le fort de la mer), lequel a été démoli il y a quelques années après avoir subi plusieurs modifications successives. Ce fort, sis tout près de la mosquée de la Pêcherie (djama el-djedid), avait deux portes, — munies chacune d'une inscription, — l'une s'ouvrant sur la petite plage des pêcheurs, où donnait la porte dite *bab el-behar* (la porte de la mer), qui

(1) Pour cette mosquée, voir chapitre XLIX, page 152 de mes *Edifices religieux de l'ancien Alger*.

faisait communiquer la ville et le rivage au moyen d'un long
couloir voûté, en pente rapide, passant sous la mosquée; l'autre,
établissant une communication entre l'intérieur de la ville et le
premier étage du fort. Une circonstance des plus heureuses m'a
permis de prendre copie de l'une de ces inscriptions, qu'une spé-
culation bizarre a, je le crains bien, enlevée pour toujours à
l'examen des travailleurs algériens. Je crois pouvoir affirmer que
la seconde est celle qui porte aujourd'hui le n° 1 du catalogue du
musée public d'Alger.

Vers la fin du XVIe siècle, on construisait les navires dans l'endroit que je viens de désigner, ce qui est aujourd'hui entièrement
ignoré des indigènes. Une partie de cet ancien arsenal a été absor-
bée par la construction d'un fort que Hossaïn-Pacha établit pour
empêcher les flottes ennemies de tourner les défenses du port et
de les prendre à revers, comme le fit lord Exmouth, en 1816. Ce
fort, qui se trouvait en dehors du port, avait deux étages de feux
offrant un total de 36 pièces de gros calibre; et était commandé
par un bache-tobdji (artilleur en chef) nommé à vie. Cet ouvrage,
placé à 250 mètres de la batterie dite *tobbanet el-meurstan* (rue
de la Flèche), et classé par nous sous le n° 4, en 1830, a dû
remplacer une batterie beaucoup plus faible. Si la tradition n'est
pas bien affirmative sur ce point, les doutes semblent levés par
le témoignage du docteur Shaw, qui écrivait en 1732 : « A un
demi stade à l'ouest sud-ouest du port, se trouve la batterie de la
porte du poissonnier, ou bab el-behar, c'est-à-dire la porte de la
mer. Cette batterie consiste en un double rang de canons et
commande l'entrée du port et la rade. »

Depuis quelques années, le fort bab el-behar et les alentours
sont ensevelis sous les voûtes élevées pour l'établissement du
boulevard et l'agrandissement de la place du Gouvernement.

N° 2. Inscription arabe, dont les lettres, appartenant au type
oriental et d'une exécution médiocre, sont gravées en relief sur
une plaque de marbre mesurant 0m50 sur 0m50, et encadrée
d'arabesques. Toutes les lettres se touchent de haut en bas, de
manière à ne pas laisser d'interlignes, et l'écriture ne suit pas
une direction horizontale. Cependant, on distingue aisément sept

lignes plus ou moins tortueuses. L'angle supérieur de la plaque, à gauche, a été cassé et manque.

(*Les édifices religieux de l'ancien Alger*, par M. Albert Devoulx, p. 89. — *Alger*, par M. Albert Devoulx, fº 219, verso, du manuscrit).

(*Livret explicatif*, page 130 : Inscription arabe en relief, sur une tablette de marbre blanc de 9ᵐ50 sur 0ᵐ50. Bordure en arabesques Les caractères ne suivent pas de ligne d'écriture régulière et remontent ou descendent, selon le caprice du lapicide. Date en toutes lettres, 1005. Date en chiffres, 1105 (1693 de J.-C.), qui est la véritable. Cette épigraphe rappelle l'érection d'une mosquée de 2ᵉ ordre (mesdjid) par Chaban-Dey ; sans doute la mosquée de Bab-Dzéra, au coin des rues des Consuls et de la Marine. Remis en mars 1842 par M. le capitaine du génie Champanhet.

لا اله الّا الله الملك الحق المبين . . . .

محمّد رسول الله صادق الوعد الامين . . . .

هذا المسجد لوجه الله العظيم المتوكل . . .

العلّامة النّاسك لبيت الله الحرام الحاجى شعبان

داى بقاء الدولة بمحروسة الجزاير المحمية بالله

وفى شهر صفر الخير سنة ١١٠٥ خمس ومابة والف

بعد الهجرة النبوية عليه الافضل التحية

Je traduis ainsi :

Il n'y a d'autre dieu que Dieu, le souverain, la vérité évidente......

Mohammed est l'envoyé de Dieu ; ses promesses sont sincères ; il est digne de confiance......

(A fait construire) cette mosquée pour plaire à Dieu l'incommensurable, celui qui se confie (en Dieu)......,

Le très-docte, le visiteur de la maison sacrée de Dieu, le hadji Chaban,

Dey de la durée de la royauté dans la (ville) bien gardée d'Alger, protégée par Dieu ;

Dans l'excellent mois de safar de l'année 1105, mil cent cinq.

Après l'émigration (hégire) du Prophète, sur qui soit la meilleure des grâces divines.

Cette inscription provient de la mosquée qui s'élevait jadis à l'angle des rues de la Marine et des Consuls, et qui fait l'objet du chapitre XXXIV de mes *Edifices religieux de l'ancien Alger* (pages 88 et suivantes du tirage à part), ouvrage auquel je me bornerai à renvoyer, afin de ne pas répéter des détails qui ont déjà paru dans cette revue. Je rappellerai seulement que le Dey El-Hadj Chaban, élu en 1100 et étranglé en 1106, appartenait au corps des *Khodja* ou lettrés turcs, ce qui explique la qualification de très-docte, que lui décerne le rédacteur de l'inscription.

C'est par erreur que Berbrugger qualifie de *mosquée de 2e ordre* l'édifice dont il s'agit, lequel était réellement une mosquée de premier ordre, puisqu'il avait un minaret et qu'on y prononçait la khotba le vendredi. Il se trompe également en avançant que la date en lettres et celle en chiffres sont en désaccord d'un *siècle*. Le mot cent (مايت) est parfaitement reconnaissable, bien qu'un peu fruste, et sa lecture n'offre aucune incertitude. Quant au mois de safar 1105, date de cette inscription, il a commencé le 3 octobre 1693 et fini le 30 du même mois.

No 3. Inscription turque en relief ; bon type oriental, bien exécuté ; plaque en marbre, mesurant 0m38 de hauteur sur 0m52 de largeur.

(*Alger*, par M. Albert Devoulx, fo 144, recto du manuscrit).

(*Livret explicatif*, p. 132 : Dédicace datée de 1174 (1760), sur tablette de marbre, de 0m37 sur 0m52. Le pacha Ali y est nommé. Paraît provenir d'une fontaine ; a été remis le 2 avril 1842, par le service des Fontaines).

بوچشمة نك بناسينة على باشا ايدوب همتا

شكر لر كلدى تاريخى محل نعمت جميل جتت

سنة ازبعة وسبعون وماية والف

Je traduis ainsi, d'après feu Mohammed ben Otsman Khodja :

Par les soins d'Ali-Pacha, a été bâtie cette fontaine.
Dieu soit loué que sa date se trouve dans (ces mots) : ceci est un lieu charmant qui fait partie des délices du Paradis.
Année mil cent soixante-quatorze.

Le chronogramme renfermé dans la seconde ligne et que la troisième ligne rend superflu, se trouve exact, ce qui est une exception à noter. L'année 1174, si surabondamment indiquée, a commencé le 13 août 1760 et fini le 1er août 1761. Les réserves derrière lesquelles Berbrugger a cru devoir se retrancher au sujet de la provenance de cette plaque, étaient inutiles, puisque les termes mêmes du texte levaient tous les doutes. Les recherches que j'ai effectuées à l'occasion de mon travail sur la topographie de l'Alger turc, m'ont donné la certitude que cette fontaine était située dans la rue Médée, à la hauteur de la rue de la *Lyre* actuelle. Il ne faudrait pas croire que l'intervention d'un pacha indiquât une œuvre monumentale ; sauf deux ou trois jets d'eau, les fontaines des Algériens étaient établies dans l'un des gros murs d'une maison ou d'un local quelconque, et présentaient une très-grande simplicité d'architecture et d'ornementation. Celle qui nous occupe ne faisait pas exception. Mais dans un pays où la sécheresse est si persistante pendant une grande partie de l'année, on accueillait avec reconnaissance tous les travaux, si peu artistiques qu'ils fussent, qui avaient pour objet d'améliorer l'alimentation de la ville. Un pacha ne dédaignait donc pas d'attacher son nom à une fontaine laide et humble, mais fort utile pour les habitants du quartier. Ali-Pacha venait, d'ailleurs, d'embellir ce point de la ville en bâtissant une mosquée et en reconstruisant la caserne aujourd'hui connue sous le nom de *Médée-Supérieure*. Il aura voulu compléter ces travaux en mettant de l'eau à la portée des maisons voisines. Mais la reconnaissance publique lui a fait défaut, car la fontaine due à ses soins était appelée *Aïn Sidi el-Akehal*, du nom d'un marabout très-ancien dont la chapelle avait été englobée dans la mosquée dont je viens de parler.

N° 4. Epitaphe arabe en cinq lignes, gravée en relief; beau
type oriental, très-bien exécuté ; stèle en marbre blanc, avec
bordure et sculpture ; largeur : 0m33 ; hauteur (de la partie
écrite) : 0m54. (Cette inscription est inédite).

(Livret explicatif, page 133 : Stèle (mechahad) de Fatma ben Amina
bent Abdi-Pacha, à la date de 1182 (1768). Caractères en relief.
Donné, ainsi que le n° 5, par M. Brasqui, en mai 1842).

هذا قبر المرحومة

الى رحمة الله واصلة

فاطمة بنت امينة بنت

عبدى باشا رضة الله

عليهم اجمعين سنة ١١٨٢

Ceci est le tombeau de celle à qui il a été fait miséricorde,
Qui est parvenue devant la miséricorde de Dieu ;
Fatma, fille d'Amina, fille
D'Abdi-Pacha. Que la miséricorde de Dieu
Soit sur eux tous! Année 1182.

Les tombeaux des musulmans se composent, à Alger, de deux
pierres, ordinairement plates et beaucoup plus hautes que
larges, qu'on place perpendiculairement, l'une à la tête, l'autre
aux pieds du défunt. Ces deux pierres, scellées debout aux deux
extrémités de la tombe, s'arrondissent dans leur extrémité supérieure, en plein cintre ou en ogive, et sont surmontées quelquefois d'un croissant. On les appelle *mechahad* — au singulier
mechehed (مشهد) pl. (مشاهد), — parce qu'elles contiennent la
chehada (شهادة) ou profession de foi musulmane, c'est-à-dire
la formule par laquelle on déclare qu'il n'y a qu'un seul Dieu
et que Mahomet est son prophète. Parfois, le mechehed affecte
la forme d'une colonnette ronde, carrée ou octogone ; dans ce
cas, il est ordinairement surmonté d'un turban dont les plis va-
rient, suivant la qualité du personnage inhumé. Le mechehed
placé à la tête ne contient jamais que la profession de foi, des
prières ou des formules religieuses. Les diverses indications

relatives au trépassé sont mises sur le mechehed des pieds. On grave ces inscriptions sur la partie de la stèle qui regarde la tombe ; l'autre face de la pierre offre, souvent, des sculptures dont des fleurs plus ou moins fantastiques forment le motif le plus ordinaire. Les deux mechahad sont reliés par deux cordons de pierres, peu saillants, appelés *djenabia* (partie latérale), et qui achèvent de dessiner le carré de la tombe. Ces djenabia, que de simples briques remplacent souvent, ne présentent qu'exceptionnellement des sculptures ou des inscriptions.

La stèle dont nous nous occupons est un mechehed des pieds, le plus important des deux puisque c'est celui qui donne le nom du défunt et la date du décès. Mais ici l'intérêt historique est bien faible, puisqu'il ne s'agit que de la petite-fille d'un pacha. L'année 1182, indiquée sur cette épitaphe, a commencé le 18 mai 1768 et fini le 6 mai 1769.

No 4 bis. Inscription arabe en relief ; quatre lignes ; beau type oriental, très-bien gravé ; stèle en marbre, largeur, 0m33, hauteur (de la partie écrite), 0m49. (Inédite).

لا اله الا الله

الملك الحق المبين

محمد رسول الله

صادق الوعد الامين

Il n'y a de dieu que Dieu,
Le Souverain, la Vérité évidente.
Mohammed est l'envoyé de Dieu ;
Il est sincère dans ses promesses et digne de confiance.

Cette stèle (de tête) ne porte aucun no sur le catalogue du musée. Je lui ai donné le no 4 bis, pour la distinguer de la précédente, à laquelle il convient de la réunir par le motif qu'elles proviennent de la même tombe, ainsi que le prouve l'identité des dimensions, de l'écriture, de la forme et de l'ornementation.

N° 5. Inscription arabe en relief; cinq lignes; beau type oriental, parfaitement exécuté; stèle en marbre; largeur 0ᵐ35, hauteur (de la partie écrite), 0ᵐ62 ; jolies sculptures. (Inédite).

(Livret explicatif, page 140 : stèle en marbre d'Arekia bent El-Hadj Ahmed ben Abd El-Letif. Datée de 1128 (1715). 1ᵐ07 sur 0ᵐ30. Caractères en relief ; très-jolies arabesques (1).

كل ما سوى الله تعالى فانى

هذا قبر المرحومت المصونت

والدرة المغفورة المكنونت

(2) ارقيت بنت المرحوم الحاج احمد

بن عبد اللطيف رحمة الله عليها سنة ١١٢٨

Tout ce qui n'est pas Dieu (qu'il soit exalté !) est périssable !

Ceci est le tombeau de la défunte qui avait été gardée avec soin,

De la perle tenue cachée et dérobée soigneusement aux regards (3).

Arkia, fille du défunt El-Hadj (4) Ahmed,

Fils d'Abd El-Latif. Que la miséricorde de Dieu soit sur elle ! Année 1128.

Cette épitaphe de jeune fille n'offre, on le voit, aucun intérêt historique. Mais elle constitue un fort beau spécimen de l'épigraphie funéraire des Algériens, et à ce titre, elle mérite bien de figurer dans les collections de notre musée. On trouvera ci-après l'autre stèle de cette tombe virginale qu'ont détruite les travaux exécutés pour la transformation des alentours de la ville. Quant

---

(1) Il résulte des renseignements placés par Berbrugger au n° 4, que le n° 5 a été donné au Musée par M. Brasqui, en mai 1842.

(2) Ce nom doit s'écrire رقيت, *Rokia.*

(3) Ces qualificatifs indiquent qu'il s'agit d'une vierge.

(4) On sait que c'est le titre que prennent les musulmans qui ont accompli le pélerinage de la Mecque et de Médine.

à l'année 1128, elle a commencé le 27 décembre 1715 et fini le 15 décembre 1716.

N° 5 bis. Inscription arabe en relief ; cinq lignes ; beau type oriental, parfaitement exécuté ; stèle en marbre ; mêmes dimensions que la précédente ; jolies sculptures. (Inédite).

هو الله الحيّ الدايم الباقى

لا اله الا الله محمّد رسول الله

سبحان من قهـر العباد بالموت القاهرة

نسالك اللّهمّ يا ذا الجود الباهرة

ان تغفـر ذنبها يـوم يكون العيوب ظاهرة

Il est Dieu, le Vivant, l'Eternel, le Survivant.

Il n'y a de dieu que Dieu, Mohammed est l'envoyé de Dieu !

Que soit proclamée la louange de celui qui courbe les hommes sous la mort irrésistible !

Je te demande, ô mon Dieu, ô toi qui possèdes la bonté éclatante,

De pardonner ses péchés (1), le jour où les mauvaises actions seront apparentes.

Ce mechehed de tête appartient à la même tombe que le précédent, comme le prouve l'identité de l'écriture, de l'exécution, de la forme, des dimensions et de l'ornementation. Le catalogue du musée n'en fait pas mention. Je lui ai donné le n° 5 bis.

N° 6. Inscription turque, en relief, type oriental, médiocre ; cinq lignes ; tablette en marbre de 0m49 de largeur, sur 0m48 de hauteur. (Inédite).

(Indications du livret, p. 133. Inscription turque en relief, sur tablette de marbre de 0m50 sur 0m50, provenant d'une fontaine. Datée de 1180

---

(1) Les péchés d'elle. Le pronom indique qu'il s'agit d'une femme.

(1766) et portant la mention de Mohammed Pacha ben Osman. Remis
en février 1843 par la Direction de l'intérieur.)

مفرّح خوش بنا قلچش بناسی مستدام السون

الهی روز محصرده یوزی اق روحی شان السون

الهی محمّد باشا صاحب خانه دائم سعید السون

کروب جنت سرایینه جهیدن بعید السون

سنة ثمانون ومائة والف ۱۱۸۰

Je traduis ainsi, d'après une version arabe établie par feu
Mohammed ben Otsman Khodja, auquel est également dûe la
lecture ci-dessus (1).

Puissent être durables les constructions de cette bâtisse gaie
et belle.

O mon Dieu ! au jour de la résurrection, blanchis son visage (2)
et place haut son âme !

O mon Dieu ! fais que Mohammed Pacha, le constructeur de
cette maison, sois toujours heureux ;

Donne-lui pour habitation un palais dans le Paradis, et place-le
loin de l'enfer !

Année mil cent quatre-vingts. 1180.

L'absence de tout renseignement sur l'origine de cette plaque,
ne permet pas de constater à quel édifice elle appartenait. Mais
on peut, du moins, affirmer qu'il s'agissait d'une maison et
non d'une fontaine comme le porte à tort le *Livret explicatif* du

---

(1) Je rappellerai de nouveau, mais pour la dernière fois, que pour
les inscriptions turques, j'ai dû me contenter d'être l'éditeur de
l'œuvre d'un collaborateur, qui répond seul de son travail. Quant aux
inscriptions arabes, la responsabilité de la lecture et de la traduction
m'incombe exclusivement. (Voir ma précédente note à ce sujet).

(2) *Le visage du constructeur*, c'est-à-dire : accorde-lui une gloire
éclatante.

Musée. L'emploi du mot خانه dans l'inscription, ne laisse aucun doute à ce sujet. Quant à l'année hégirienne 1180, elle a commencé le 9 juin 1766 et fini le 29 mai 1767.

Nᵒ 7. Inscription arabe et turque, en relief ; type oriental ; médiocre ; huit lignes ; stèle en marbre, présentant une hauteur de 0ᵐ77 sur 0ᵐ26 de largeur, et surmontée d'un turban à petits plis. (Inédite).

(Indications du livret, p. 134. Stèle d'El-Hadj Ali Pacha ben Khelil, surmontée du turban à petits plis des oulema, et non de celui à larges plis des deys, ce souverain ayant été un savant. Le dernier chiffre de la date n'a pas été sculpté, parce qu'on s'est aperçu que celui qui le précédait était fautif. Il y a donc ١٢٢ *au lieu de* ١٢٣٠, *1230 (1814.)* — *Donné le 12 mars 1843, par M. Marigot, marbrier.)*

هـو الباقى

مرحوم ومغـفـور

المحتاج الى رحمة

ربه الغفـور

السيّد الحاج على

پاشا ابن خليل

روحيچون فاتحـة

سنـة ١٢٢

Il (Dieu) est le survivant ! (1)
L'absous et pardonné,
Celui qui avait besoin de la miséricorde
De son souverain clément,
Le Seigneur El-Hadj Ali
Pacha, fils de Khelil.
Une *Fateha* pour son âme !
Année 122**3**.

_____

(1) C'est-à-dire : Dieu survit à tout.

La *Fateha* est le premier chapitre du Coran, intitulé simplement *Fatihatou-l-Kitab* : (chapitre) qui ouvre, qui commence le livre. En voici le texte :

« Au nom de Dieu clément et miséricordieux.

« 1. Louange à Dieu, souverain de l'univers, 2. le clément, le miséricordieux, 3. souverain au jour de la rétribution. 4. C'est toi que nous adorons, c'est toi dont nous implorons le secours. 5. Dirige-nous dans le sentier droit, 6. dans le sentier de ceux que tu as comblés de tes bienfaits, 7. de ceux qui n'ont point encouru ta colère et qui ne s'égarent point. Amen. »

Réciter, à l'intention d'un mort, cette sourate, dont l'importance est grande et qui est fréquemment employée, est une œuvre des plus méritoires pour le fidèle qui l'accomplit et des plus profitables pour l'âme du défunt, en faveur de laquelle on fait ainsi un appel puissant à la bonté divine. Beaucoup de tombes musulmanes recommandent aux visiteurs de ne pas oublier cette récitation. De même nos lettres de faire-part et nos épitaphes emploient généralement la formule : *un De profundis !* afin de solliciter cette prière pour le trépassé.

El-Hadj Ali, précédemment *khodjet el-kheïl*, ou écrivain des chevaux, fut élu pacha en 1809, en remplacement d'Ali Khodja, étranglé par ordre de la milice. Méfiant, violent et sanguinaire, il s'aliéna les sympathies de ses sujets par de nombreuses exécutions. Une guerre prolongée contre Tunis, dans laquelle les Algériens essuyèrent des revers sur terre, bien que leur marine eut remporté quelques avantages, contribua à le rendre impopulaire. A l'occasion de cette guerre, il s'était mis en rébellion ouverte contre le grand Sultan, qu'il bravait aussi en capturant les navires montés par des Grecs, bien que ces derniers fussent des sujets ottomans. La Turquie l'avait menacé d'une déclaration de guerre, et s'opposait au recrutement de la milice algérienne, ce qui affaiblissait considérablement l'effectif de cette dernière. El-Hadj Ali Pacha fut étranglé dans son bain, le 22 mars 1815, par un nègre, son serviteur favori, que les conjurés avaient gagné à leur cause, et qui fut ensuite mis à mort par le nouveau pacha, Mehammed, ancien kheznadji. Cette date correspond au

2

10 rebi' 2e 1230. Dans l'épitaphe, le chiffre des dixaines devait donc être un 3 et non un 2 ; l'erreur ayant été reconnue, mais trop tard, le chiffre des unités n'a pas été sculpté, moyen de rectification facile et économique, mais nullement efficace (1). Cette inscription, fautive et inachevée, ne serait d'aucun secours pour la chronologie des pachas, mais il s'agit heureusement d'une époque pour laquelle les documents abondent.

N° 8. Inscription arabe, en relief ; type oriental ; médiocre ; sept lignes ; stèle en marbre, ayant une forme ogivale dans sa partie supérieure ; plus grande largeur : 0m29 ; hauteur (de la partie écrite) : 0m47. (Inédite).

(Indications du livret. Stèle d'Abdi Pacha, datée de 1145 (1732). Caractères en relief. Acheté le 16 mars 1844.)

هذا

قبر المرحوم بكرم الحتّى

القيوم عبدى پاشا رحمة

الله عليه قدس الله روحه

واسكنه من فسيح

جناته بفضله وكرمه

١١٤٥

Ceci
est le tombeau de celui auquel a fait miséricorde le Vivant (2),
le Subsistant (1), Abdi Pacha, que la clémence
de Dieu soit sur lui ! Que Dieu purifie son âme
et lui donne un asile dans son resplendissant
paradis, par sa bonté et sa munificence.

1145.

---

(1) L'inscription étant gravée en relief, la bévue ne pouvait se ré-parer, et il aurait fallu tout recommencer.
(2) L'un des 99 attributs de Dieu.

L'année hégirienne 1145 a commencé le 24 juin 1732 et fini
le 13 juin 1733. Abdi pacha, qui avait passé par tous les grades
de la milice et rempli de hautes positions, fut élu pacha en 1724,
à la suite de l'assassinat de Mehammed pacha. En 1731, Abdi,
qui continuait les errements de ses prédécesseurs à l'égard des
chrétiens et qui faisait même de l'opposition aux ordres du
Grand-Turc, eut une altercation avec le nouveau consul de
France, M. Delane, qui refusait de déposer son épée avant de se
présenter devant lui. Notre consul fut rappelé. Les Espagnols
s'emparèrent d'Oran en 1732 et cet échec aurait pu avoir des
suites fâcheuses pour Abdi, car les janissaires n'aimaient pas les
chefs malheureux. Mais ce pacha mourut de maladie, le 3 septembre de la même année, à l'âge de 71 ans.

Ce pacha, borgne de l'œil droit et d'esprit fort délié, avait fait
construire une mosquée qui porta son nom jusqu'en 1871, époque
où elle fut démolie par nous pour l'établissement du boulevard
militaire du Nord.

No 9. Inscription turque; relief; bon type oriental; bonne
exécution; deux lignes; plaque en marbre, largeur 0m47, hauteur 0m27. (Alger de M. Albert Devoulx, fo 188, vo, du manuscrit).

(Indications du Livret. Inscription en relief de 0m28 sur 0m45, provenant de la caserne Médée. Atchi Hassan Ouda Bachi. 1205 (1790).

بیك اسكییون بشده تاریخنی تحریر ایلدی
عشجی حسین اوده یاسنی بیدی تعمیر ایدی
سنة ١٢٠٥

Je traduis ainsi une traduction faite en arabe par feu Mohammed ben Otsman Khodja :

En l'an mil deux cent cinq, a été inscrite la date
des travaux effectués par Ahtchi Hossaïn dans sa chambre.
Année 1205.

L'année hégirienne 1205, a commencé le 10 septembre 1790 et
fini le 30 août 1791 de J.-C. Cette inscription conservait le sou-

venir d'embellissements exécutés dans une chambre de caserne, par le cuisinier Hossain (et non Hassan), lequel n'avait pas le grade d'oda bachi, comme le prétend le Livret. D'après les renseignements que j'ai recueillis, cette plaque proviendrait de la caserne dite *dar el ankchaïrya el-Kodima* (la vieille maison des janissaires), sise rue Médée.

Nº 10. Stèle ne portant aucune inscription.

(Indications du Livret. Stèle en marbre. Très-jolies arabesques en relief. Donné le 30 avril 1843).

Nº 11. Inscription arabe ; creux léger dans lequel on n'avait évidemment pas l'intention de couler du plomb et offrant des traces de peinture rouge ; type barbaresque avec fioritures ; sept lignes ; stèle en marbre offrant la forme ogivale dans la partie supérieure, qui contient l'inscription ; la partie écrite mesure 0ᵐ53 de hauteur et 0ᵐ43 dans la plus grande largeur. (Inédite).

(Indications du Livret. Les deux stèles en marbre de Hassan aga, khelifa de Kheir-Eddin et défenseur d'Alger contre Charles-Quint, en 1541. On remarquera que le titre de pacha ne lui est point donné dans son épitaphe. Caractères creux paraissant avoir été jadis remplis de plomb ou destinés à l'être (1). Joli type d'écriture anqalouse. Daté de 952 de l'hégire (1545 de J.-C.). Acheté le 1ᵉʳ janvier 1846, à M. Burtin, marbrier).

لا ملك لا لصاحب الملك الحمد لله

هذا قبر الخليفة المرحوم

بكرم الله ابو محمد حسن اغه

ملوك مولانا خير الدين ايده

الله ونصره توفى ليلت

الاربعا العاشر من

رمضان عام ٩٦٢ (2)

---

(1) Je ne partage pas l'avis de Berbrugger.
(2) Ces chiffres appartiennent à la série nº 3 du tableau que j'ai publié dans le précédent numéro (Nº 96).

Il n'y a de pouvoir qu'en celui auquel appartient la Puissance (Dieu). Louange à Dieu !

Ceci est le tombeau du khelifa auquel il a été fait miséricorde par la bonté de Dieu, *Abou Mohammed* Hassan ar'a, esclave de notre maître Kheir-Eddin, que l'assiste Dieu et qu'il le fasse triompher ; il est décédé dans la nuit du mercredi, le dixième (jour) de Ramdan de l'année 952.

Cette inscription, — la plus ancienne de la période turque, — offre une grande importance, car elle fixe la date de la mort de l'eunuque Hassan, qui commandait Alger en l'absence du célèbre Kheir-Eddin, — nommé *capitan-pacha ou amiral de la flotte turque*, — et qui eut la gloire, pendant cet intérim, de repousser, avec la puissante assistance de la tempête, la formidable attaque commandée par l'empereur Charles-Quint. J'ai déjà établi dans la *Revue africaine* (tome 8, page 290), que l'indication du jour de la semaine permet de constater qu'il s'agit en réalité, dans l'épitaphe ci-dessus, du mercredi 13 ramdan, — et non 10, — de l'année 952, lequel correspond au 18 novembre 1545. J'ai également fait ressortir l'erreur commise par l'historien *espagnol* Haëdo, qui place le décès de Hassan ara à la fin de septembre 1543. Je ne reviendrai pas sur ce sujet et me contenterai de renvoyer le lecteur à l'article dont il s'agit. Le simple titre de *khelifa* (lieutenant, suppléant) est donné par cette épitaphe à Hassan ara qu'elle qualifie crûment d'esclave de Kheir-Eddin. Ce document officiel détruit donc les assertions de quelques auteurs indigènes et européens qui voulaient que ce personnage eut été investi de la dignité de pacha.

La stèle de tête de ce tombeau, reconnaissable parce qu'elle offre les mêmes dimensions et a la même forme inusitée que la précédente, ne contient aucune inscription ni aucune ornementation quelconque ; elle est en marbre blanc comme l'autre et complètement unie.

No 12. Stèle sans inscription.

(Indications du livret, page 141). Petite stèle en marbre avec arabesques. Voir le n° 13)

No 13. Inscription turque en relief; type oriental; médiocre; les lignes montent et sont enchevêtrées, ce qui, joint à une mauvaise exécution, rend la lecture très-difficile; stèle en marbre mesurant 1m03 de hauteur sur 0m15 de largeur (Inédite).

(Indications du livret, page 140). Stèle en marbre de Sliman ben Mohammed, mort en 1135 (1722). Acheté, le 27 janvier 1845, à M. Bertrand, marbrier, ainsi que le no 12.

رئيساء غزائى مسلميدن بو محمّد مرقدن يا ربّ

اولا مستغفر انوار فيض لطف احسانى

شهيد اكن كنه مشبه بوقدر دارعز بنده

اوله كاخنك اسرّده ايا اها يازمثوانك

صلا كومر خيامه چوخدا مسكن ويره تاريخ

جنان اخر جوار نده حبيبى رب رحمانك

سنة ١١٣٥

J'ai fait la copie ci-dessus avec le concours d'El-Hadj Osman, honorable turc qui est pourvu depuis longtemps de l'emploi d'administrateur (oukil) de la chapelle du marabout ottoman Sidi Ouali Dada (1). Mon collaborateur n'a pu rédiger en arabe une traduction acceptable. C'est en vain que je me suis adressé à plusieurs Français ou Indigènes que je supposais compétents : personne n'a pu ou voulu traduire cette inscription, dont je me borne, en conséquence, à publier le texte. Tout ce que j'ai pu constater, c'est qu'elle est l'épitaphe d'un nommé Mohammed (2),

---

(1) Mohammed ben Otsman Khodja, mon collaborateur ordinaire, était décédé à l'époque où il m'a été possible de m'occuper de cette inscription.

(2) Berbrugger a pris le mot مسلميدن pour le nom propre سليمان, *Soliman*, et le mot بو pour بن, *fils de*. La réalité est que le nom propre *Mohammed*, figure seul sur cette épitaphe.

évidemment tué dans une guerre contre les chrétiens, puisqu'on le qualifie de martyr (شهيد), et qui était capitaine de navire. L'année hégirienne 1135, date du décè·, a commencé le 12 octobre 1722 et fini le 30 septembre 1723.

No 14. Inscription turque en relief; quatre lignes; type oriental; médiocre. Stèle en marbre. Largeur : 0m28; hauteur (de partie écrite) : 1m02 (Inédite).

(Indications du livret, page 136). Stèle du beït-el-maldji El-Hadj Ali, mort en 1207 (1792). Acheté le 27 janvier 1845, en même temps que le n° 15.

هو الخلاق الباقى ·يسرا ولدى بكا شهادت

الهى سنن نصيب ايله سعادت

بولمر تاكو رسولكدن شفاعت

مرحوم بيت المال الحاج على روحنه الفاتحة سنة ١٢٠٧

Je traduis ainsi, d'après feu Mohammed ben Otsman Khodja :
Il est le Créateur, le Survivant! Qu'il me facilite le martyre!
O mon Dieu! donne-moi une part de la félicité divine,
Et fais-moi participer aux effets de l'intercession de ton prophète!
Celui à qui il a été fait miséricorde, le Hadj Ali, beït-el-mal.
La *Fateha* pour son âme! (1) Année 1207.

Le beït-el-maldji (2) était le chef d'une administration — le beït-el-mal — chargée de recueillir les successions en deshérence, de gérer les propriétés de l'Etat, de procéder aux inhu-

(1) Voir la note du n° 7.
(2) On disait aussi, mais fautivement, *beït-el-mal*, ce qui est le nom de l'institution elle-même et non le titre de son chef.

mations, de surveiller les cimetières, etc. L'année hégirienne 1207, indiquée dans cette épitaphe, a commencé le 19 août 1793 et fini le 8 août 1794.

Nº 15. Inscription arabe; mauvais caractères se rapprochant du type oriental; cinq lignes. Stèle en ardoise; hauteur (de la partie écrite) : 0ᵐ49; largeur : 0ᵐ305 (Inédite).

(Indications du livret, page 141). Stèle en ardoise de Ramdan ben Khelil, mort en 1251 (1835). Voir nº 14.

هذا

قبر المرحوم بكرم

الحى القيوم رمضان

بن خليف رحمة الله عليه

سنة ١٢٥١

Ceci

est le tombeau de celui auquel il a été fait miséricorde par la bonté

du Vivant, du Subsistant, Ramdan

fils de Khelifa. Que la miséricorde de Dieu soit sur lui !

Année 1251.

C'est par erreur que Berbrugger a lu *Khelil*, au lieu de *Khelifa*. Mais cela est sans grande importance, car cette épitaphe, postérieure à la conquête française, puisqu'elle ne remonte qu'à l'année 1251, qui a commencé le 29 avril 1835 et fini le 17 avril 1836, n'offre aucun intérêt historique.

Nº 16. Inscription turque en une seule ligne divisée en trois cartouches; creux rempli de plomb; caractères orientaux; médiocres ; plaque en marbre mesurant 0ᵐ27 de largeur sur 0ᵐ265 de hauteur (Inédite).

(Indications du livret, page 133). Inscription provenant d'une fontaine, avec le nom d'Ali pacha, et datée de 1176 (1762). Donné, le 13 août 1845, par M. Sabatault, et provenant de son ancienne campagne d'Hussein-Dey. Caractères en plomb, sur une tablette de 0ᵐ26 sur 0ᵐ26.

علي باشا شان ايجون بوعينه * قنى زياد اتداى بنى روانه *

سنة ستة وسبعون ومايتة والف

Je traduis ainsi , d'après feu Mohammed ben Otsman Khodja :

Ali pacha, pour accroître la considération dont jouit cette fontaine, ∴ a augmenté son débit à l'usage de toute créature, ∴ en l'année mil cent soixante-seize.

L'année indiquée ci-dessus a commencé le 23 juillet 1762 et fini le 11 juillet 1763.

No 17. Inscription turque; caractères creux, dont le plomb a été enlevé; type oriental ; bonne exécution ; mutilée en grande partie. Corniche en marbre d'une longueur de 2ᵐ46 sur une hauteur moyenne de 0ᵐ50. *(Les édifices religieux de l'ancien Alger,* par M. Albert Devoulx, page 138. — *Alger,* par M. Albert Devoulx).

(Indications du livret, page 137). Corniche de 2ᵐ55 sur 0ᵐ50 de hauteur, avec inscription en partie mutilée au-dessus et au-dessous. Provient, dit-on, de la grande mosquée des hanéfites, ou, du moins, a été trouvée tout auprès, en janvier 1846. Caractères creux, jadis remplis de plomb. Un fanatique nommé Djelloul, ayant appris que cette corniche allait être remise au Musée, l'a mutilée, afin que les chrétiens ne pussent pas profaner le nom de Dieu et les autres paroles sacrées qui s'y trouvaient. Remis par la Direction de l'intérieur.

2 *

1re *ligne.*

سايمه پرورد كار ..... عصر جميلنده جون اولدى بناى جامع
تكرى نظرا يلسون عسكر منصوريه جزميه بيك افريذ كه ايلدى
تار ... قد انتشا جامع للاتقيا في زمان السلطان

2e *ligne.*

...... منبع لطف وكرم صاحب سيف ورماح قيلنه بش وقت
صلاة بولنه هركز فلاح كه ايلدلر جد وجهد ايله شام وصباح
معبد اصل اتقيا مجمع اهل صلاح خلد ... خلافته ما دام الدوران

3e *ligne.*

وضعت هنا .... ربع زمان .... الخيرات

4e *ligne.*

ما صاح طيرعلى الاغصان مبتدرا والمسلمين على طول المدا زمرا
والآل والصحب والانصار اسدسرا والتابعين لهم في ساير لامم وبعد
فحمد الله ختملوا اولان مديد وماشا

Je traduis ainsi les portions intactes de cette inscription, dont
M. Mohammed ben Otsman Khodja a reproduit en arabe les pas-
sages turcs :

« (1re ligne). — Par la grâce de Dieu, qu'il soit exalté !.....
Pendant sa belle époque a eu lieu la construction de la mosquée.
Que Dieu arrête ses regards sur les soldats victorieux et donne
à chacun d'eux mille récompenses (1). Sa date (est renfermée

---

(1) Cette mosquée a été bâtie par l'ordre de la milice.

dans les mots suivants) : *Une mosquée a été élevée pour la piété* (1),
sous le règne du sultan..... (2e ligne). — Source de bonté et de
noblesse, armé du glaive et de la lance. Quiconque y accomplira
la prière aux cinq moments (2), fera partie des gens auxquels
le salut est réservé, car ils y ont travaillé avec zèle et activité
soir et matin. C'est un temple, base de la dévotion, lieu de
réunion des gens vertueux. Que Dieu perpétue son vicariat...
.....................; tant que durera la rotation.........
(3e ligne). — Elle (cette inscription ?) a été posée ici..........
(4e ligne). — Tant qu'un oiseau chantera avec empressement sur
les branches, et que les musulmans formeront des catégories
distinctes, pendant la durée du temps, ainsi que la famille, les
compagnons, les pieux *Ansar* (3), et leurs sectateurs dans toutes
les nations. Et ensuite : Dieu soit loué que son achèvement ait
eu lieu comme il l'a désiré et voulu. »

Cette inscription appartenait à la mosquée sise à l'entrée de la
rue de la Marine, et appelée par les indigènes *El-Djama el-Djedid* (la mosquée neuve), et par nous *mosquée de la Pêcherie* ou
mosquée de la place du Gouvernement. Cet établissement forme
l'objet du chapitre XLVI de mes *Édifices religieux de l'ancien
Alger*, et je ne puis que renvoyer le lecteur à cet ouvrage, afin
de ne pas tomber dans des redites.

Nº 18. Inscription arabe en relief ; trois lignes ; type oriental ;
bonne exécution. Plaque en marbre de 0m495 de largeur et
0m49 de hauteur. (*Alger*, par M. Albert Devoulx).

(Indications du livret, page 135. Inscription en relief sur tablette
de 0m50 sur 0m50, rappelant une réparation de fontaine faite en 1162
(1748) par le bit-el-maldji El-Hadj Hamed ben el-Ouani. Remise par
le Service des fontaines, le 2 juin 1847.

----

(1) Il m'est impossible de résoudre ce chronogramme, d'après les
règles ordinaires, car l'addition des lettres renfermées dans les mots
indiqués me donne 1542, ce qui est un résultat inadmissible.
(2) Il s'agit des moments fixés pour les prières obligatoires.
(3) Les *Ansar* ou aides, c'est à-dire les hommes de Médine qui ont
prêté leur appui à *Mohammed*, lorsqu'il quitta La Mecque, et l'ont
ensuite aidé dans toutes ses entreprises.

الحمد لله جدد هذا البناء المبارك. وزاد

في بهجته الاسعد لاحضى السيّد الحاج احمد ابن والى

صاحب بيت المال بالجزائر المحروسة فى التاريخ ربيع الثانى سنة ١١٦٢

Louange à Dieu! A renouvelé cette bâtisse bénie et a augmenté sa beauté, le très-heureux et très honoré-seigneur El-Hadj Ahmed, fils d'Ouali,

chargé du beït-el-mal (1) à Alger, la protégée (de Dieu), à la présente date. (Mois de) Rebi' 2e de l'année 1162.

La date ci-dessus est comprise entre le 21 mars et le 18 avril 1749, et ne correspond donc pas à l'année 1748, comme le porte à tort le *livret*, lequel transforme fautivement le nom propre *Ouali* en *El-Ouani*.

D'après les renseignements que j'ai recueillis à l'occasion de mes recherches sur la topographie de l'ancien Alger, l'inscription qui nous occupe proviendrait de la fontaine établie autrefois dans la rue *au Beurre*, près de la zaouia des Andalous. Mais je ne puis proposer cette attribution que sous réserves, faute d'indications précises. Il est incontestable qu'en 1847 les agents du Service des fontaines auraient pu expliquer la provenance de la plaque dont ils faisaient la remise au Musée, et il est regrettable que Berbrugger n'ait pas pris la précaution de les interroger, ce qui eût écarté une difficulté qu'un quart de siècle a rendue presque insurmontable.

No 19. Inscription arabe, en relief, très-mauvaise comme style et orthographe; neuf lignes divisées en deux parties rimant entr'elles; mauvais type barbaresque, excessivement mal exécuté. Plaque en marbre; largeur: 0m49; hauteur: 0m49. (Inédite).

(Indications du livret, page 133. Inscription relative à la construction d'un fort, datée de 1197 (1782), sous l'émir des Croyants Abou Ali Abou El-Hossaïn. Caractères en relief, peu réguliers et recouverts d'une peinture rouge. Acheté le 15 juillet 1847).

_____

(1) Voir la note du no 14.

بسم الله الرحمن الرحيم * وصلى الله على سيدنا ومولانا محمد واله
وصحبه وسلم

كمل من الله ملك من بناه * وزاد في علوه ومن نشاه (1)
من ماله وهو امير المومنين * نقمة ارباب الصليب الكفرين
الهالك الواثق الرب العلى * العادل لاسمى الرضى ابو على
ابو المكارم الحسين لاسعد * الاعدل الاسمى السرير(1) لاصعد
تقبل الله تعلى عمله * وكان مكرما لربه نزله (1)
وكان حافظا له وناصره * ومجـــزلا جـزاه في لاخــــرة
سنة سبع بعد تسعين مائتة * من بعد الف .... (2) تشل سنة
من هجرة المختار احمد الامام * عليه افضل الصلاة والســـلام

Au nom de Dieu clément et miséricordieux ! ∴ Que Dieu
répande ses grâces sur notre Seigneur et maître Mohammed,
ainsi que sur sa famille et ses compagnons, et qu'il leur accorde
le salut !

Que soit rendue complète par Dieu, l'autorité de celui qui l'a
construit ∴ et a augmenté sa hauteur, de celui qui l'a élevé

de ses deniers, lequel est le prince des Croyants, ∴ qui tire
vengeance des gens de la Croix, les infidèles;

le roi (3) qui place sa confiance dans le Seigneur très-haut
(Dieu), ∴, le juste, l'élevé, l'agréable *Abou Ali,*

aux actions nobles et généreuses, El-Houssin, le très-heu-

---

(1) Lecture incertaine.

(2) Ce passage est illisible, l'ouvrier ayant omis de graver un certain nombre de lettres.

(3) Il me semble que ce mot est écrit fautivement مالك pour ملك
Ainsi orthographié il signifie *possesseur, propriétaire,* ce qui n'a aucun
sens dans la phrase.

reux, ... le très-équitable, le sublime, au trône très-élevé.

Puisse Dieu (qu'il soit exalté !) agréer son œuvre; ... que son offrande soit considérée comme un hommage rendu à son Seigneur (1) !

Qu'il (Dieu) soit son gardien et son défenseur, ... et qu'il lui accorde largement sa rétribution dans la vie future !

Année sept après quatre-vingt-dix, cent après mille.....

de l'émigration de l'Élu, Ahmed l'Imam (2), ... sur lui soient la meilleure des bénédictions et le salut !

Il est difficile d'établir de quel édifice provient cette inscription et même de reconnaître le prince qu'elle mentionne. Les pachas d'Alger ne prenaient pas d'ordinaire le titre de *Prince des Croyants*, qualification réservée, en Barbarie, à l'empereur du Maroc. A la date indiquée, le pacha d'Alger s'appelait Baba Mohammed et l'empereur du Maroc se nommait Mohammed ; à Tunis, Hamouda pacha Bey avait remplacé Ali Bey le 26 mai 1782. Il ne s'agit donc d'aucun de ces trois princes et je ne puis que faire mes réserves au sujet de l'origine à attribuer à l'épigraphe en question, origine dont Berbrugger n'a pas cru pouvoir aborder l'explication en 1847, au moment de l'achat fait par le Musée.

Quant à l'année hégirienne 1197, indiquée dans cette inscription, elle a commencé le 7 décembre 1782 et fini le 25 novembre 1783.

N° 20. Inscription arabe en relief ; cinq lignes, plus la date ; bon type oriental ; bonne exécution. Stèle en marbre avec des fleurs sculptées sur le côté opposé à celui qui porte l'inscription ; largeur : 0m36 ; hauteur (de la partie écrite) : 0m64. (Inédite).

(*Indications du livret*, page 132. Stèle d'Ibrahim pacha, mort en 1158 (1745). Caractères en relief. Acheté le 16 février 1849).

_____   _____

(1) Sens incertain.

(2) Il s'agit du prophète Mahomet.

هذا قبر المرحوم بكرم

الحى القيوم ابراهيم

پاشا كان حاكمًا ووالئًا

ثلثة عشر سنين ونصف سنة

رحمه الله ورحم المسلمين اجمعين

سنة ١١٥٨

Ceci est le tombeau de celui auquel il a été fait miséricorde par
la bonté
du Vivant, du Subsistant, Ibrahim
Pacha, qui a été gouverneur et prince
pendant treize années et la moitié d'une année.
Que Dieu lui fasse miséricorde et fasse miséricorde à tous les
musulmans !
Année 1158.

L'année hégirienne indiquée ci-dessus a commencé le 3 février 1745 et fini le 23 janvier 1746. Ibrahim, alors *kheznadar*
ou trésorier particulier, fut élu dey, le 3 septembre 1732, en
remplacement de son beau-frère Abdi pacha, mort de maladie. Ii
était avare et brutal, et fut souvent menacé par des conspirations.
La prise de Tunis par les Algériens, en 1735, une rupture grave
avec la France, en 1741, et la dévastation de l'établissement
français de La Calle, en 1744, furent les principaux évènements
de ce règne. Enhardi par les concessions qui lui avaient été
faites en plusieurs occasions, Ibrahim pacha déclara que tout
nouveau consul de France serait obligé de lui baiser la main lors
de la première audience. M. Devant ayant refusé de se soumettre
à cette obligation, en 1742, fut rappelé et eut pour successeur
M. Thomas qui avait reçu l'ordre de se conformer aux désirs du
dey.

Le 20 octobre 1745, Ibrahim pacha, atteint de dyssenterie,
abdiqua en faveur de son neveu Ibrahim, alors kheznadji ou
grand-trésorier de la régence. Il succomba bientôt à sa maladie.

Nᵒ 21. Inscription arabe en relief; quatre lignes; beau type oriental, bien exécuté. Stèle (de pieds) en marbre; largeur : 0ᵐ40 ; hauteur (de la partie écrite): 0ᵐ45. (Inédite).

(Indications du livret, page 134. Stèle de Mustapha pacha, mort en 1220 (1805). Caractères en relief. Arabesques derrière. Acheté le 20 août 1849, ainsi que le nᵒ 22).

هو الله الحيّ الدايم الباقي

هذا قبر المرحوم بكرم الله

الساير الى عفو الله السيد مصطفى

پاشا رحمه الله امين سنة ١٢٢٠

Il est Dieu, le Vivant, l'Eternel, le Survivant!

Ceci est le tombeau de celui auquel il a été fait miséricorde par la bonté de Dieu,

de celui qui a été appelé devant la clémence de Dieu, le Seigneur Moustapha

Pacha. Que Dieu lui fasse miséricorde! Amen! Année 1220.

L'année hégirienne 1220 a commencé le 1ᵉʳ avril 1805 et fini le 20 mars 1806. Dans la partie postérieure de cette stèle de pieds, on lit les trois lignes suivantes, gravées au milieu d'une ornementation composée de fleurs et de branches.

يا واقفًا على قبري

يسر الله له حُسن الخاتمة

من لم ينساني بقراءة الفاتحة

O toi qui t'arrêtes devant ma tombe!

Que Dieu facilite une belle fin

à celui qui n'oubliera pas de lire à mon intention la Fateha (1)!

_____

(1) Voir la note du nᵒ 7.

La partie écrite offre 0m25 de hauteur et l'ornementation 0m49, soit en tout 0m74. La stèle de tête de ce tombeau fait l'objet du n° suivant.

Mustapha fut élu dey d'Alger, le 14 mai 1798, en remplacement de son oncle, Hassan pacha, dont il était le kheznadar ou trésorier particulier. C'était, d'après M. Rang, un homme colère, avare, faible, incapable, d'un esprit fort borné, ignorant, fanatique et sujet à des accès de démence. La France eut beaucoup à souffrir des procédés de Mustapha et notamment à l'occasion de l'expédition d'Egypte. L'influence excessive que ce pacha avait laissé prendre à plusieurs favoris juifs et notamment au célèbre Naphtali Bousnab, exaspéra la milice qui massacra un grand nombre d'Israélites et mit leurs maisons au pillage les 28 et 29 juin 1805. Après avoir échappé plusieurs fois aux coups dirigés contre lui, Mustapha pacha fut assassiné par la milice le 30 août de la même année.

N° 21 (bis). Inscription arabe en relief; quatre lignes; beau type oriental, bien exécuté. Stèle (de tête) en marbre; hauteur (de la partie écrite) : 0m45 ; largeur : 0m40. La face postérieure offre une jolie ornementation ayant pour motifs des fleurs. (Inédite).

كل ما سوى الله تعالى فانى

لا اله الّا الله الملك

الحق المبين محمّد رسول الله

صادق الوعد الامين

Tout ce qui n'est pas Dieu (qu'il soit exalté !) est périssable !
Il n'y a de dieu que Dieu, le Souverain,
la Vérité, l'Evident ! Mohammed est l'envoyé de Dieu.
Il est sincère dans ses promesses et digne de confiance.

Cette stèle, dont le livret du Musée ne fait pas mention, provient de la même tombe que la précédente, comme le prouve l'identité des dimensions, des formes, de l'écriture et de l'ornementation.

N° 22. Inscription arabe en relief ; quatre lignes ; joli type oriental, bien exécuté. Stèle en marbre ; largeur : 0m36 ; hauteur (de la partie écrite) : 0m46. (Inédite).

(Indications du livret, page 134. Stèle de Fatma bent Abd Allah, appartenant à la famille de Moustafa pacha, morte en 1211 (1796). Voir le n° 21).

كل ما سوى الله تعالى فانى

هذا قبر المرحومة المصونة

المغفورة فاطمة بنت عبد الله

المتوفى بالنفاس مغبونة رحمه الله سنة ١٢١١

Tout ce qui n'est pas Dieu (qu'il soit exalté !) est périssable !
Ceci est le tombeau de celle à qui il a été fait miséricorde, qui avait été dérobée (aux regards),
qui a été pardonnée, Fatma fille d'Abd Allah,
morte en couches, déçue dans son espérance (de mère ?) Que Dieu lui fasse miséricorde. Année 1211.

L'année hégirienne 1211 a commencé le 7 juillet 1796 et fini le 25 juin 1797. Cette épitaphe, dans laquelle on relève deux fois la substitution fautive du masculin au féminin, ne présente qu'un intérêt historique bien faible, puisqu'il ne s'agit que d'une femme appartenant à la famille du pacha Moustafa. L'autre stèle de cette tombe fait l'objet du n° suivant.

N° 22 (bis). Inscription arabe en relief ; quatre lignes (mêmes indications qu'au n° 22).

هو الله الحى الدايم الباقى

لا اله الا الله الملك

الحق المبين محمد رسول الله

صادق الوعد الامين

Il est Dieu, le Vivant, l'Eternel, le Survivant !
Il n'y a de dieu que Dieu, le Souverain,
la Vérité, l'Evident ! Mohammed est le prophète de Dieu !
Il est sincère dans ses promesses et digne de confiance.

Cette stèle de tête, dont le livret ne fait pas mention, provient
de la même tombe que la précédente, comme le prouve l'identité des dimensions, des formes, de l'écriture et de l'ornementation.

N° 23. Inscription arabe en caractères creux remplis de plomb ;
cinq lignes ; type oriental, médiocre ; exécution médiocre. Stèle
en marbre ; largeur : 0m27 ; hauteur (de la partie écrite) : 0m59.
(Inédite)

(Indications du livret, page 136. Stèle d'El-Hadj Hassan, bach daftardar, mort en 1165 (1751). Acheté le 15 octobre 1849). (Voir le
n° 68.)

هـذا قبـر المرحوم بكـرم

الحى القيوم الحاج حسن

خوجه كان باش دفتـر دار

سبعـة وعشرون عامـا

سنـة ١١٦٥

Ceci est le tombeau de celui auquel il a été fait miséricorde par
la bonté
du Vivant, du Subsistant, El-Hadj Hassan
Khodja, qui fut bach daftardar
pendant vingt-sept ans.
Année 1165.

Le *bach taftardar* ou *bach taftar*, était le plus élevé en grade
des quatre secrétaires siégeant dans la mehakema, ou bureaux du
pacha, et chargés de tenir les écritures du gouvernement sous la
haute direction du kheznadji ou grand-trésorier. Quant à l'année
hégirienne 1165, elle a commencé le 20 novembre 1751 et fini le
7 novembre 1752.

Nº 24. Inscription turque en relief; quatre lignes rimant entr'elles et divisées chacune en deux parties; bon type oriental; bien exécuté. Plaque en marbre, ayant 0m61 de largeur sur 0m61 de hauteur; l'angle inférieur de droite est cassé. (M. Albert Devoulx, *Moniteur de l'Algérie* du 11 avril 1868. — *Alger*, par M. Albert Devoulx.)

(Indications du livret, page 129. Inscription turque datée de 980 (1572) et mentionnant Ahmed pacha. Ce pacha est Arab Ahmed ou l'arabe Ahmed, car contrairement à la politique et à l'usage, il appartenait à la race des vaincus, étant né en Egypte, de parents fellahs. Il vint occuper ses fonctions à Alger au mois de mars 1572 et en partit à la fin de mai 1574. Remis par le génie le 26 mars 1852).

امیر کبیر جهان کنز کردون   اق بانشاي مغرب فرید فریدون

سه شمس الدین یعنی احمد باشا   که عدلیله معمور ربع مسکون

جزایرده یبدی درسور خندق   اندوب خرج حق یولنه مال قارون

هاتف دایدی می تاریخ   درادر باب جنات همایون

سنة ٩٨٠.....

Je traduis ainsi d'après une traduction faite en arabe par feu Mohammed ben Otsman Khodja.

Le grand prince, trésor de ce monde, et clarté du firmament,
· · pacha de l'Occident et son *Afridoun* (1) unique,
le soleil de la religion, c'est-à-dire Ahmed pacha, · · lequel, pour son équité, rend florissant le quart habité (de la terre),
a fait un fossé aux remparts d'Alger. · · Il a consacré à cette œuvre, pour plaire à Dieu, les richesses de Karoun (2).

_____

(1) *Feridoun* et *Afridoun*, 7e roi de Perse de la première race ou dynastie, prince qui avait un grand fond de clémence et qui était doué d'une profonde sagesse. *(Bibliothèque orientale de d'Herbelot).*

(2) Les richesses de Karoun, Coré de la Bible, sont proverbiales chez les Musulmans. Karoun avait, disent les commentateurs, un palais tout couvert d'or et dont les portes étaient d'or massif. Il affectait un grand luxe, montait une mule blanche couverte d'une housse

Celui qui l'admirait a annoncé sa date en disant : . . . il saisit
la porte du paradis fortuné.

..... Année 980.

Le chronogramme annoncé à la dernière ligne est exact. L'année hégirienne 980, doublement indiquée, a commencé le 14 mai
1572 et fini le 2 mai 1573. D'après l'historien espagnol Haedo, le
fossé d'Alger, peu profond et en partie comblé, fut nettoyé, amé-
lioré et mis en bon état, en 1573, par le pacha Arab Ahmed,
dans la partie qui défendait la Casba ou citadelle, et dans celle
qui s'étendait depuis la Porte-Neuve jusqu'au bastion qui formait
l'angle S.-E. de la ville, à peu de distance de la porte Bab-
Azoun (1). L'inscription ci-dessus, dont l'objet et l'importance
ont échappé à Berbrugger, rappelait le souvenir de ces travaux
et confirme pleinement les assertions de Haedo.

Nº 25. Inscription arabe en caractères creux remplis de plomb ;
une seule ligne divisée en quatre cartouches rimant entr'eux ;
bon type oriental ; bien exécuté. Plaque en marbre ayant 1ᵐ65
de largeur sur 0ᵐ21 de hauteur (Inédite).

(Indications du livret, page 136. Inscription turque relative à la restauration d'un monument, faite en 1184 (1770), par Ahtchi Ali Ibn
Moustafa. Sur la façade de la nouvelle poudrière, à la Marine, il y a
une autre épigraphe de ce même personnage. Caractères en plomb.
Acheté le 26 mars 1852).

جدّد هذا المكان الجميل الأوفى ٭ قاصدا رضاء رتّب له العز وكفى ٭

عشمجى على ابن المرحوم مصطفى ٭ سنة اربع وثمانين وماية

والف من هجرة صاحب الوفى

---

d'or, était lui-même vêtu de pourpre et paraissait toujours accompagné de quatre mille hommes, tous montés et richement habillés.
Il est question de lui dans le Coran et notamment au chapitre XXVIII.

(1) C'est le bastion auquel nous donnâmes le nº 6 en 1830. Ses restes existent encore et sont destinés à tomber dans le périmètre de la
place Bresson.

A fait reconstruire ce lieu beau et complet, .·. dans l'intention de mériter la satisfaction du Souverain qui a la puissance (Dieu), et cela suffit (1), .·. Ahtchi (2) Ali fils du défunt Moustafa. .·. Année mil cent quatre-vingt-quatre de l'émigration de celui qui est sincère.

Peut être aurait-il été encore possible en 1852, de parvenir à connaître l'édifice auquel avait appartenu cette inscription, mais les souvenirs des indigènes s'effacent de plus en plus et mes recherches sont restées sans résultat. Tout ce que je me hasarderai à avancer, sous forme de pure hypothèse, c'est que cette plaque rappelait peut être l'embellissement d'une chambre de caserne, fait par le cuisinier militaire Ahtchi Ali.

L'année hégirienne indiquée dans cette inscription qui est bien *arabe* et non *turque*, comme Berbrugger le dit par erreur, a commencé le 17 avril 1770 et fini le 15 avril 1771.

N⁰ 26. Inscription turque en caractères creux remplis de plomb; quatre lignes; bon type oriental. Plaque en marbre mesurant 0ᵐ55 de largeur sur 0ᵐ48 de hauteur. (Inédite).

(Indications du livret, page 135. Inscription relative à Ibrahim aga en 1243 (1827). Le vendeur dit l'avoir trouvée à Constantine, dans des fondations. Caractères en plomb. Acheté le 6 avril 1852).

بقرەاوى السيد ابراهيم اغا

خيرا يلـه خيراتـه سعى دائما

لطفى ايدوب بوجامعى قلدى بنا

ويـرە اجرين اولجناب كبريا ١٢٤٣

Je traduis ainsi une traduction faite en arabe par feu Mohammed ben Otsman Khodja:

Le Seigneur Ibrahim aga le Bakeraoui,
qui se consacre incessamment aux bonnes œuvres,

---

(1) Ceci est évidemment une cheville amenée par les exigences de la rime.

(2) Cuisinier de l'armée, emploi qui jouissait d'une grande considération.

a fait construire cette mosquée, par sa munificence.

Que Dieu lui accorde deux récompenses au lieu d'une! 1243.

L'année hégirienne 1243 a commencé le 25 juillet 1827 et fini le 13 juillet 1828. En consultant le travail sur les établissements religieux de Constantine, publié par M. Féraud dans la *Revue africaine* (tome XII, page 121), j'ai pu m'assurer que le nom du fondateur ci-dessus mentionné n'est resté attaché à aucune des mosquées de cette ville.

N° 27. Inscription arabe en deux lignes; fond peint en bleu; lettres en relief, peintes en blanc, avec quelques intérieurs en rouge; bordure d'arabesques rouge et or; type oriental peu élégant; exécution médiocre. (M. Albert Devoulx, *Moniteur de l'Algérie* du 7 mars 1868. — M. Albert Devoulx, *Alger*).

(Indications du livret, page 127). Fort belle inscription en relief, encadrée dans une bordure d'arabesques, le tout peint en bleu, rouge et or. Figurait jadis à la Jenina, au-dessus de la porte du Trésor public; a été plus tard transféré à la Casba.

$$ \text{نصرٌ من الله وفتحٌ قريب وبشر المومين (1)} $$
$$ \text{يا مفتح الابواب افتح لنا خير الباب} $$

Une assistance émanant de Dieu et une victoire prochaine; et réjouis les croyants par cette bonne nouvelle.

O Toi qui ouvres les portes, ouvre pour nous la meilleure porte.

L'invocation qui précède est ordinairement employée dans un sens figuré et religieux. Mais ici, elle semble une allusion bien matérielle et bien mondaine aux richesses qu'on pouvait se procurer en franchissant la porte au-dessus de laquelle elle se trouvait placée. Le 1er mars 1817, le pacha Ali jugea prudent d'abandonner la Jenina, trop accessible à ses ingouvernables et sanguinaires soldats, et d'établir son domicile au milieu des canons de la Casba. Il n'oublia pas d'emporter le Trésor public, ni

---

(1) Il faudrait évidemment المومنين.

même l'inscription qui décorait l'entrée de la pièce dans laquelle on enfermait le numéraire. Cette inscription n'est autre que celle dont je m'occupe, laquelle, après un séjour assez court au sommet de la vieille ville, a été placée dans le Musée archéologique, non loin de l'emplacement du local pour l'ornement duquel elle avait été primitivement faite.

N° 28. Inscription arabe en huit lignes ; relief faible ; mauvais type barbaresque, mal exécuté ; tablette en marbre mesurant 0ᵐ25 de largeur sur 0ᵐ28 de hauteur ; l'écriture est renfermée dans un ovale inscrit dans un carré ; trois des angles du carré sont brisés ; dans le quatrième angle, on lit le nom du prophète : محمد. (Inédite).

(Indications du livret, page 140. Épitaphe de Mesaoud ben Abd er-Rahman el-R'ani el-Djezaïri ; 0ᵐ30 sur 0ᵐ25. Elle forme un cercle inscrit dans un carré. Elle est datée de 715 (1315). Remis en août 1853 par M. Fenech, commissaire civil de Bougie.

هاذا قبر

العبد الفقير للرحمة

مسعود بن عبد الرحمن

الغازى (1) الجزايرى توفى رحمه الله

يوم الاربعة الثامن لشهر

رمضان العظم عام خمسة

عشر وسبعمايت رحمه

الله ويرحم لمن دعا له

Ceci est le tombeau de l'homme qui avait un extrême besoin

(1) La lecture de ce mot est incertaine. Toutefois, la leçon *el-R'ani*, donnée par le *livret*, ne semble pas admissible, attendu que la dernière et l'avant-dernière lettres ne sont pas liées.

de la miséricorde divine, Messaoud, fils d'Abderrahman, le
champion de la foi (?), l'algérien. Il est décédé, — que Dieu lui
fasse miséricorde, — le mercredi, huitième jour du mois de ramdan, le vénéré, de l'année sept cent quinze. Que Dieu lui fasse
miséricorde et fasse miséricorde à ceux qui prieront pour
lui.

Il est probable que cette inscription, l'une des plus anciennes
que nous ayons (1), a été recueillie à Bougie, puisqu'elle a été
donnée au Musée par le commissaire civil de cette localité. On
regrette que le *livret* ne l'affirme pas. Le 8 ramdan 715 correspondrait au 6 décembre 1315, lequel tombait un samedi, ce qui
est en désaccord avec l'indication ci-dessus. En prenant pour
guide le jour de la semaine, on reconnaît que la véritable date
de cette inscription est le mercredi 5 ramdan 715, soit le 3 décembre 1315 (2).

Nº 29. Inscription turque en trois lignes divisées en deux
compartiments, plus la date; relief; caractères orientaux, assez
bons; exécution assez bonne. Plaque en marbre mesurant 0m89
de largeur sur 0m575 de hauteur. (Berbrugger, *Géronimo*, 2e édition, page 87. — M. Albert Devoulx, *Moniteur de l'Algérie*, 1868.
— M. Albert Devoulx, *Alger*).

(Indications du livret, page 128). Inscription en relief du fort des
Vingt-quatre heures, datée de 975 (1567), et mentionnant le pacha
Mohammed. C'est le fils du célèbre Salah raïs. Il gouverna ici du 8
février 1567 au commencement de mars 1568. (Voir, pour cette inscription, *Géronimo*, 2e édition, pages 87 et suivantes). Remis par
l'artillerie le 18 juillet 1853.

---

(1) Une seule inscription, à ma connaissance, est plus ancienne
que celle-là, c'est celle qui porte le nº 64 du *Catalogue* du Musée.

(2) Les musulmans subordonnent le commencement du mois de
ramdan, — consacré au jeûne, — à l'observation directe de la nouvelle lune. Cette formalité irrationnelle amène souvent une différence
d'un, deux ou trois jours entre la date usuelle et la date indiquée par
le calcul rigoureux. L'indication du jour de la semaine permet de re-
trouver cette dernière date.

خرج ايدوب حق يولنه مال وزير اعظم

يا پدى بوسورى جزايرده متين واعلا

شويله بالاتر اولوب كردون هسر اولش

اراسك روي زمينى بوليمزس همـتا

نامى ياد اولمغيچون ديدى مدامي تاريخ

ياپدى بوقلعۀ مرمي محمد باشايي

سنة ٩٧٦

Je traduis ainsi, d'après feu Mohammed ben Otsman Khodja :

Un très-grand vizir, désirant être agréable à Dieu, ∴ a doté Alger de cette forteresse élevée et redoutable.

La hauteur de cette construction imposante est si grande, qu'elle égale celle du firmament. ∴ A la surface de la terre, il n'en existe pas de semblable.

Pour perpétuer, dit cet édifice, son nom et l'époque (de son règne), ∴ Mohammed pacha, protégé (par Dieu), éleva cette forteresse.

Année 975.

L'année hégirienne 975 a commencé le 8 juillet 1567 et fini le 25 juin 1568.

Cette inscription attribue la construction du fort en question à Mohammed pacha, lequel gouverna Alger du 8 janvier 1567 au mois de mars 1568, et fut le premier des gouverneurs généraux envoyés par la Porte qui s'occupa de fortifier les abords de cette place, alors très-faible en elle-même. Elle semble, dès lors, en contradiction avec les assertions de Haëdo, lequel dit que cet ouvrage fut construit par le pacha El-Hadj Ali ; mais ce désaccord est facile à expliquer ; il paraît probable, en effet, que Mohammed pacha, dont le commandement fut très-court, eût l'initiative de la création de ce fort, mais que les travaux ne furent achevés que longtemps après, sous le gouvernement d'El-Hadj Ali pacha el-Oldj (l'esclave chrétien converti à l'islamisme) el-Fortas (le

teigneux). Si le nom de celui-ci ne figure pas sur l'inscription,
c'est que ce pacha eût de sérieux démêlés avec les janissaires,
dont il ne payait pas la solde avec exactitude, et fut obligé, pour
échapper à leurs coups, de quitter brusquement Alger en octobre
1569, en laissant pour intérimaire Mami Corso. L'antipathie que
les janissaires éprouvaient pour El-Hadj Ali pacha dût les déter-
miner à décider, après entier achèvement des travaux, qu'en
bonne justice l'honneur en revenait à celui qui en avait eu la
première idée. La notoriété publique ne ratifia pas cette décision
et employa plus tard la dénomination de fort d'*El-Hadj Ali
pacha*, ce qui est la confirmation éclatante des assertions de
Haëdo.

Le 27 décembre 1853, on retrouva dans l'un des murs de ce
fort, le squelette de Géronimo, qui y avait été enseveli vivant, le
18 septembre 1569, pour avoir refusé d'abjurer le catholicisme
et de rentrer dans le sein de l'islamisme, son ancienne religion (1).

En dernier lieu, les indigènes appelaient cet ouvrage *bordj
setti takelilt* (تاكليت ستى *dame négresse*), à cause d'une mara-
boute kabyle qui d'après la tradition était inhumée sous un banc
en maçonnerie placé dans le vestibule, au dessous d'un arceau
surmonté d'un côté d'une petite niche creusée dans la muraille
et indiquant l'endroit où reposait la tête de la défunte. Lors de
la démolition du fort, en 1853, il n'a été trouvé ni ossements
sous le banc, ni tête sous la niche. Il est vrai que ces restes
avaient pu être enlevés pendant l'occupation française. Avant
cette dénomination, qui ne paraît pas remonter au-delà de la fin
du XIe siècle de l'hégire, les Algériens nommaient ce fort *bordj*
(le fort de) *El-Hadj Ali pacha* et aussi *bordj Bab-el-Oued* (le fort
de la porte du ruisseau). Ce dernier nom était également employé
par les européens concurremment avec celui de fort des Vingt-
Quatre heures, dont l'étymologie est inconnue.

N° 30. Inscription arabe gravée en caractères creux sur des

-----

(1) Voir l'intéressante brochure publiée par Berbrugger, sous
le titre de *Géronimo, le martyr du fort des 24 heures*. — Alger, Bastide, 1859.

plaques en marbre, présentant 0ᵐ?75 de hauteur et 0ᵐ08 d'é-
paisseur, lesquelles ont été brisées et se trouvent actuellement
divisées en dix fragments d'inégale longueur, offrant un déve-
loppement total de 4ᵐ06 (soit 0ᵐ50, 0ᵐ29, 0ᵐ51, 0ᵐ49, 0ᵐ48,
0ᵐ47, 0ᵐ28, 0ᵐ?5, 0ᵐ28 0ᵐ51). Ecriture et exécution médiocres.
(Alger, par M. **Albert Devoulx**).

(Indications du livret, page 137. Trois épitaphes complètes et trois
fragments d'épitaphe de Mohammed ben Sliman ben Abd Allah et-
Tebib. Caractères creux d'où le plomb a disparu. Exemple unique ici,
d'une sextuple (2) épitaphe d'un même individu sur le même tombeau,
et surtout où le nom du défunt est accompagné de beaucoup d'épi-
thètes élogieuses. Remis par la Mairie, le 20 décembre 1854).

Auprès d'un gros et vieux caroubier planté au-dessus de la
zaouïa de Sidi Abd Errahman et-Etsalbi et au pied de la colline
fortement escarpée que couronnaient les remparts d'Alger, se
trouvait le tombeau qu'un dey fit élever à son médecin, d'après
la tradition, qui a oublié le nom des deux personnages. Cette
tombe, connue sous la dénomination d'*el-merabot ettebib* (le
marabout médecin), se composait d'une coupole (1) reposant sur
une base carrée, ouverte à tous les vents et qui offrait sur chacune de ses faces deux arceaux soutenus, au milieu, par une
colonne (2). Sur chacune des façades de ce petit monument
étaient encastrées des épitaphes dont il m'est possible de donner
le texte complet en combinant les fragments d'inscriptions du
Musée avec les notes recueillies de 1830 à 183?, par M. le Capitaine d'Etat-Major Delcambe (3).

---

(2) En réalité l'épitaphe se répétait sept fois. A. D.
(1) C'est ce que nous appelons *Marabout.*
(2) On a imité ce style dans la construction du *Marabout* ou *pavillon
de la Reine,* sis dans la partie N.-O. du jardin Marengo. et qui
était destiné à recevoir le buste de la Reine Amélie, femme de Louis
Philippe. Quelques personnes prétendent que certains des matériaux
du tombeau du médecin musulman, ont été employés pour l'édifica-
tion de ce pavillon, mais je ne puis reproduire cette assertion que
sous toutes réserves. Il est certain, en tout cas, que les épitaphes
du Tebib ont longtemps figuré dans cette partie de notre jardin public.
(3) Je dois la communication de ces notes à l'obligeance de mon
savant confrère, M. Féraud, interprète-principal de l'armée.

FACE SUD (1).

1re

بسم الله الرحمن الرحيم

لا اله لا الله محمّد رسول الله

هذا قبر المرحوم بكرم الله

السايرالى عفو الله

المنغمس في رحمة الله

محمد بن سليمان الطبيب بن عبد الله

2e

بسم الله الرحمن الرحيم

لا اله الا الله محمد رسول الله

يا جايزين الطريق ازودونا بالرحمة

يرحمكوم (sic) الله

هذا قبر محمد بن سليمان الطبيب بن عبد الله

رحمه الله

FACE OUEST.

1re

بسم الله الرحن الرحيم

لا اله الا الله محمد رسول الله

هذا قبر الشاب الممدود

الساكن تحت اللحود

الراجي رحمة المعبود

محمد بن سليمان الطبيب المفقود

بسم الله الرحمن الرحيم

لا اله الا الله محمد رسول الله

هذا قبر العبد الكئيب

الراجى رحمة المجيب

بجاه المصطفى الحبيب

محمد بن سليمان الطبيب

FACE NORD.

Une seule inscription.

بسم الله الرحمن الرحيم

لا اله لا الله محمد رسول الله

هذا قبر المرحوم الشاب

الساكن تحت التراب

الرجى رحمة الوهاب

محمد بن سليمان الطبيب لكل مصاب

FACE EST.

1re

بسم الله الرحمن الرحيم

لا اله لا الله محمد رسول الله

هذا قبر العبد الذليل

الراجى رحمة المولى الجليل

الساكن روضة الخليل

محمد بن سليمان طبيب كل عليل

2°

بسم الله الرحمن الرحيم

لا اله الا الله محمد رسول الله

هذا قبر الرحوم بكرم الحى القيوم

من لا تأخذه سنة ولا نوم

ابو الفضل والعموم

محمد بن سليمان الطبيب المعلوم

Je traduis ainsi :

Face Sud.

1o

Au nom de Dieu clément et miséricordieux !

Il n'y a de dieu que Dieu. Mohammed est l'envoyé de Dieu.

Ceci est le tombeau de celui à qui il a été fait miséricorde par la bonté de Dieu,

Qui a été appelé devant la clémence de Dieu,

Qui a été plongé dans la miséricorde de Dieu.

Mohammed fils de Sliman, le médecin, fils d'Abd-Allah.

2o

Au nom de Dieu clément et miséricordieux.

Il n'y a d'autre dieu que Dieu, Mohammed est l'envoyé de Dieu.

O vous qui passez sur ce chemin, munissez-nous pour nos provisions de voyage, de (l'invocation de) la miséricorde divine : Dieu vous fera miséricorde.

Ceci est le tombeau de Mohammed fils de Sliman, le médecin, fils d'Abd-Allah.

Que Dieu lui fasse miséricorde !

Face Ouest.

1re

Au nom de Dieu clément et miséricordieux.

Il n'y a d'autre dieu que Dieu, Mohammed est l'envoyé de Dieu.

Ceci est le tombeau du jeune homme qui est étendu,

Qui habite sous les pierres tumulaires,
Qui espère la miséricorde de l'Adoré,
Mohammed, fils de Sliman, le médecin, qui a disparu.

2°

Au nom de Dieu clément et miséricordieux.
Il n'y a d'autre dieu que Dieu, Mohammed est l'envoyé de Dieu.

Ceci est le tombeau de l'homme qui est renversé à terre (1),
Qui espère obtenir la miséricorde de Celui qui exauce (Dieu),
par les mérites de l'Elu, de l'Ami (2),
Mohammed, fils de Sliman, le médecin.

Face Nord.

Au nom de Dieu clément et miséricordieux.
Il n'y a d'autre dieu que Dieu, Mohammed est l'envoyé de Dieu.

Ceci est le tombeau de celui qui a été pardonné, du jeune homme
qui habite sous la terre,
qui espère la miséricorde du Dispensateur (Dieu),
Mohammed fils de Sliman, le médecin de quiconque est atteint (d'une maladie).

Face Est.

1re

Au nom de Dieu clément et miséricordieux.
Il n'y a d'autre dieu que Dieu, Mohammed est l'envoyé de Dieu.

Ceci est le tombeau de l'humble adorateur (de Dieu),
qui espère obtenir la miséricorde du Maître, de l'Immense (Dieu),
qui habite le jardin de l'Ami (de Dieu),
Mohammed, fils de Sliman, le médecin de tout malade.

---

(1) كبيب veut dire *qui est renversé la face contre terre*. Mais, comme les Musulmans placent leurs morts sur le dos, un peu tournés sur le côté droit, il semble que ce mot est plutôt une cheville amenée par les exigences de la rime, qu'une allusion à la position réelle du défunt.

(2) Le prophète Mohammed.

Au nom de Dieu clément et miséricordieux.

Il n'y a d'autre dieu que Dieu, Mohammed est l'envoyé de Dieu !

Ceci est le tombeau de celui à qui il a été pardonné par la bonté du Vivant, de l'Immuable,

Sur lequel ni l'assoupissement ni le sommeil n'ont de prise (1),

De celui qui possède la supériorité et qui est universel, Mohammed fils de Sliman, le médecin connu (2).

Ce tombeau ayant été détruit quelques années après la conquête française, les inscriptions qu'il renfermait furent placées dans le jardin Marengo; en 1854, la municipalité fit la remise de quelques portions de ces épitaphes au Musée, où elles reçurent le n° 30 du catalogue de cet établissement.

N° 31. Inscription turque en relief; trois lignes; type talik, médiocre. Plaque en marbre mesurant 0m46 de largeur sur 0m50 de hauteur. (M. Albert Devoulx, *Alger*).

(Indications du livret, page 130. Inscription turque en relief, caractères talik. Datée de 1080 (1669 de J.-C.), avec mention du dey El-Hadj Ali et du pacha Ismaïl. Elle était au-dessus de la porte d'entrée du fort des Anglais. La première mention du dey El-Hadj Ali remonte

_____

(1) Coran, chapitre II, verset 256.

(2) البعلوم qui est évidemment amené par la rime, signifierait que la profession est de notoriété publique. Ce mot n'a pas la valeur élogieuse de مشهور, شهير etc., célèbre, renommé, etc.. Malgré la précision plus grande qui semble résulter des termes louangeurs employés dans l'avant dernière ligne de cette partie de la septuple épigraphe, termes qui ne peuvent évidemment s'appliquer qu'au trépassé lui-même, il ne me paraît pas hors de doute que le défunt, qui était un jeune homme, ne fut pas seulement le fils du médecin ; il faut remarquer, en effet, que le mot الطبيب est toujours placé après le nom du père (سليمان) et jamais après celui de l'inhumé (محمد). Les expressions *médecin de tout malade, médecin de quiconque est atteint* sembleraient indiquer que ce médecin exerçait encore au moment de l'érection du monument.

à 1667. Il fut décapité vers 1672. Quant au pacha, représentant hono-
raire de la porte ottomane, l'histoire ne s'en occupe pas. Remis le 30
décembre 1854, par le service des Contributions diverses.

هاتف غيب بوبرجه تاريخ ديدى

بوبيت عديم البدلى ايلدى بونده بناس

برجك راى عاليسى ايله حاجى على فى زمان اسماعيل باشا

سنة ١٠٨٠

Je rends ainsi une traduction faite en arabe par feu Mohammed
ben Otsman Khodja.

Une voix mystérieuse a dit : la date de ce fort (est renfermée
dans ces mots :) ceci est un édifice que rien ne saurait remplacer.
La construction de ce fort en cet endroit, a eu lieu par l'ordre
d'El-Hadj Ali et d'après son avis éminent, du temps d'Ismaïl pacha. Année 1080.

Je n'ai pu trouver la solution du chronogramme placé dans
cette inscription, mais cela n'a, heureusement, aucune importance puisque nous apprenons un peu plus bas que la date indiquée est l'année 1080, laquelle a commencé le 1er juin 1669 et
fini le 20 mai 1670. Le fort des Anglais, appelé par les indigènes
bordj Kalet el-foul, était placé à l'ouest d'Alger, sur le bord de
la mer, et offrait une vingtaine de pièces.

N° 32. Inscription arabe en relief ; cinq lignes divisées chacune en deux compartiments rimant entr'eux ; bon type oriental ;
bien exécuté. Plaque en marbre mesurant 0m72 de largeur sur
0m62 de hauteur. (M. Albert Devoulx, *Alger*).

(*Indications du livret*, page 132). Inscription en relief, datée de
1163 (1749), et indiquant qu'en cette année Mohammed pacha ben
Beker a fait bâtir le mekhazen ez-zera ou magasin aux grains. Ce
magasin était au-dessus de l'entrée de l'ancienne caserne Massinissa,
aujourd'hui annexe du Lycée. Remis le 9 janvier 1855 par le Proviseur du Lycée.

الحمد لله على ما هـديـنا * ونشكر على ما انعم علينا

الظاهـرة والباطنة من نعيم * وقسم ارزاقنا من خزاين رحيم

امر ببناء هذا المخزن الموفور بالله * محمد بـاشا بن بكر ايّده مولاه

جعله الله بكرمه دايمًا معمورا * بانزال البركة على قوتنا كثيرًا

سنة ثلث وستين وماثة والف * من هجرة من له العز والشرف

Dieu soit loué de nous faire suivre la voie droite ; ∵ nous le remercions de nous avoir prodigué ses bienfaits occultes et apparents et de nous avoir dispensé nos richesses en les puisant dans les trésors de sa miséricorde. ∵ A ordonné la construction de ce magasin, rendu prospère par Dieu, ∵ Mohammed pacha ben Bakir, que son Maître (Dieu) l'assiste ! ∵ Fasse Dieu, par sa bonté, qu'il (ce magasin) soit toujours florissant, ∵ par la descente d'une abondante bénédiction sur notre nourriture. Année mil cent soixante-trois de l'émigration de celui qui est puissant et noble.

L'année hégirienne 1163 a commencé le 11 décembre 1749 et fini le 29 novembre 1750. Le local dont cette inscription rappelait la construction, a été démoli, et son emplacement, aujourd'hui compris dans des bâtisses provisoires, doit tomber en entier dans le périmètre de la place Bresson.

Nº 33. Inscription turque en quatre lignes divisées chacune en deux compartiments ; caractères creux remplis de plomb ; bon type oriental, bien exécuté. Plaque en marbre présentant 1ᵐ16 de largeur sur 0ᵐ64 de hauteur. (Inédite).

[Indications du livret, page 138). Inscription turque ; caractères en plomb. Acquise par échange, le 10 janvier 1855, de M. Roland de Bussy, directeur de l'imprimerie du Gouvernement.

زهى رواكارجده كاملك صواب ٭ زهى موفق خيرلامسور معمار

ايده حق روضه سين پرنور جلالى مرحومك

غزات مبينة مسكن ايچون قورمش بنيادى

منده حق مقاوارايلسون ابراهيم بن خليل مدام

پرواز ايدر خيراتنه همايوش هر صبح وشام

دار خيرانية يكن حضرت غازى حسين پاشا كم

يبد يروب اوده سنى رسم دلكش غا زيلره اكرا

Cette inscription offre à la fin de la première moitié de la seconde ligne, un exemple de sigle excessivement rare en épigraphie arabe ou turque. Dans le mot مرحومك, le même trait
sert à former la partie centrale et essentielle du و et du م. J'ai
fait la lecture qui précède avec l'assistance d'El-Hadj Otsman (1),
mais celui-ci n'a pu réussir à établir en arabe une traduction pré-
sentable, en sorte que je dois me contenter de publier le texte
de cette épigraphe, bien exécutée et dont la lecture n'offre pas de
difficultés. Tout ce que je crois pouvoir avancer, c'est qu'il s'agit
de travaux effectués dans une caserne par Ibrahim ben Khelil, du
temps de Hossaïn pacha. Il n'y a aucune date, mais la mention
de ce dernier établit que l'inscription est postérieure à l'année
1818, époque de l'avénement de ce dey, qui fut le dernier souverain turc d'Alger.

Nᵒ 34. Inscription turque en relief; quatre lignes rimées;
bon type oriental, bien exécuté. Plaque en marbre mesurant
0ᵐ63 de largeur sur 0ᵐ63 de hauteur; l'angle inférieur de gauche
est brisé. — M. Albert Devoulx, Alger.

(Indications du livret. Inscription en relief, dont le bas a été brisé

(1) Voir les explications que j'ai données au nᵒ 13.

par un projectile. Mention de Mohammed Pacha. Etait au-dessus du bureau du caïd el-achour, dans la cour du magasin des grains d'achour, rue Jénina. Recueilli en février 1854 par M. Berbrugger).

تشييد اساس وتجديد لباس قلندى مخزن العشور

لتحقيق تدقيق ترميم وتضعيف تطبيق نتيم اولندى معمور

چون محد باشا انالـه اللّه ما شا امريلـه درانشا اولـه ماجور

بقداى ازپا صلولـه مخزن مبرور.........

Je traduis ainsi une version établie en arabe par feu Mohammed ben Otsman Khodja :

Ont été achevés le renouvellement de la construction et l'établissement solide des fondations du magasin de l'achour ;

Après que fut certaine et complète la restauration et qu'eut été parfait l'achèvement, il devint abondamment garni.

Sa construction a eu lieu par l'ordre de Mohammed Pacha, que Dieu lui fasse atteindre le but de ses désirs et le récompense ;

Puisse ce magasin, dû à une bonne action, être constamment rempli de blé et d'orge !.....

L'*achour* est l'impôt en nature perçu sur les céréales. Le local dans lequel on emmagasinait le produit de cette dîme, et dont provient l'inscription ci-dessus, a été démoli vers 1854.

N° 35. Inscription turque en relief ; quatre lignes ; bon type oriental, bien exécuté. Plaque en marbre mesurant 0m44 de largeur sur 0m28 de hauteur. — M. Albert Devoulx, *Alger*.

(Indications du livret. Inscription en relief, provenant de l'ancienne fontaine de la zaouia dite El-Kechchache, rue des Consuls, en face de celle de la Licorne. Recueilli par M. Berbrugger, le 9 mars 1854).

عون حقيلـه اقيدن بـوابى

بـولـر قطرة سنه يـوز بيك ثوابى

دو شـويـدر تاريخغنـه عقـاد رضا

اجلسون كندويـه جنتك بانى سنة ١١٧٦

Je traduis ainsi une traduction faite en arabe par feu Mohammed ben Otsman Khodja :

Celui qui a fait couler cette eau, avec l'assistance de la Vé-
rité (Dieu) ;
Recevra pour chacune de ses gouttes, cent mille récompenses;
Sa date est (renfermée dans ces mots) : Son établissement at-
tire la bénédiction ,
Comme si elle faisait partie des bâtisses du paradis. Année 1176.

L'année 1176 a commencé le 23 juillet 1762 et fini le 11
juillet 1763. En ce qui concerne la zaouiat El-Kechache, dont
cette inscription provient, je ne puis que renvoyer au chapitre xxxiii, page 87, de mes *Édifices religieux de l'ancien
Alger*.

Nº 36. Inscription arabe en relief; 6 lignes; type barbaresque; médiocre. Plaque en marbre mesurant 0ᵐ86 de largeur
sur 0ᵐ36 de hauteur. — M. Albert Devoulx, les *Édifices religieux
de l'ancien Alger*, chapitre ι, § 1ᵉʳ, page 157. — M. Albert Devoulx, *Alger*.

(*Indications du livret.* Inscription en relief qui était au-dessus de
la porte de la mosquée des chaouchs (ancien corps-de-garde de la
place). Datée de 926 (1520), avec mention de Kheïr-Eddin et de son
père Yakoub. Remis par le génie, le 11 juillet 1855, ainsi que les
numéros 37, 38 et 39, provenant du même endroit, etc.).

بِسْمِ اللّٰه الرّحمن الرّحيم وصلى اللّٰه على سيّدنا محمّد

في بيوت اذن اللّٰه ان ترفع ويُذكر فيها اسمه يُسبِّح له فيها

بالغدوّ والاصَال

أمَرَ بِبِناء هذا المَسجد المُبَارَك السُّلطان المُجَاهد في سَبِيل

رَبّ العَالمين

مَوْلَانا خَيْرُ الدّين ابن لامِير الشَّهِير المُجَاهد ابي يوسف

يعقوب التُّرسي

بلغه الله اقصى سؤله واعانه على جهاد عدوّ الله وعدوّ رسوله
بتاريخ اوائل جمادى الاولى من عام سنة و...رين وتسعمائة

Je traduis ainsi :

Au nom de Dieu, clément et miséricordieux ! Que Dieu répande ses grâces sur notre seigneur Mohammed !

Dans les maisons que Dieu a permis d'élever pour que son nom y soit répété chaque jour au matin et au soir (1).

A ordonné la construction de cette mosquée bénie, le Sultan qui se consacre à la guerre sainte pour l'amour du Souverain de l'univers,

Notre maître Kheïr-Eddin, fils du prince célèbre, champion de la guerre sainte, *Abou Youssef*, Yacoub, le Turc.

Que Dieu réalise ses vœux les plus extrêmes et l'aide à combattre les ennemis de Dieu et les ennemis de son Envoyé.

A la date des premiers jours de djoumada 1er de l'an neuf cent vingt-six.

Le mot qui, dans la date, exprime les dizaines, est fruste. Mais il ne peut y avoir la moindre incertitude sur sa lecture, attendu que les lettres رين ... qui sont seules restées distinctes, ne sauraient appartenir qu'au mot عشرين vingt. Cette date correspond à la période comprise entre le 19 et le 28 avril 1520. En ce qui concerne la mosquée à laquelle appartenait cette inscription, je ne puis que renvoyer au chapitre L, § 1er, de mes *Édifices religieux de l'ancien Alger*.

N° 37. Inscription arabe en relief ; très-mauvais type barbaresque ; très-mauvaise exécution. Plaque en marbre renfermant deux cartouches ovales, avec ornementation ; largeur totale :

---

(1) Coran, chapitre XXIV (la lumière), verset 36. — La citation est incomplète, car la fin de la phrase se trouve dans le verset 37 : « célèbrent ses louanges des hommes que le commerce et les contrats ne détournent point du souvenir de Dieu, de la stricte observance de la prière et de l'aumône. »

0m99 ; hauteur totale : 0m34 ; chacun des deux écussons contient cinq lignes rimant entr'elles et mesure 0m26 de longueur sur 0m19 de hauteur. — M. Albert Devoulx, *Alger*.

(Indications du livret. Inscription en relief, gravée sur un double écusson placé autrefois au-dessus de la grande porte sultane du vieux palais ou Jénina. On croit que cet écusson portait primitivement les armes d'Espagne. Datée de 1022 (1613), sous Hossaïn Pacha ; on y mentionne un émir Moussa ; en commémoration de la reconstruction de la porte du palais. Cette épigraphe fixe l'avènement de chah ou chikh Hossaïn, que quelques chronologies indigènes placent l'année suivante. L'émir Moussa, ou Maallem Moussa, ou Osta Moussa, est le célèbre réfugié andaloux à qui Alger doit, parmi d'importants travaux publics, ses plus anciennes conduites d'eau. Remis par le Génie en 1855).

حسين باشا المقتدا * وزير خنقار العمد

بسوفق عسكر هـذا * امر موسى المقتبد

تجديد قمـع للعدا * رى باب سلطان البلد

فحياتـه مجــددا * فى طالع ينفى الحسد

تاريخـه خير هذا * بقـل هو الله احد

وهو ١٠٤٢

Hossaïn Pacha, qui sert de modèle, .˙. vizir du Souverain (1) sur lequel tout s'appuie ,

Avec l'assentiment des troupes de ce dernier (2), .˙. a ordonné à Moussa (3), qui imite les exemples (que lui donne le Pacha),

Le renouvellement pour l'asservissement des ennemis, .˙. de la porte du Sultan de la ville.

Son existence est renouvelée, .˙. sous un heureux horoscope qui chassera l'envie.

---

(1) Le mot turc *khenkar* est le titre des empereurs ottomans.

(2) Les janissaires, qui, à cette époque, prenaient déjà une part active au gouvernement.

(3) Osta Moussa, réfugié andalou et maçon habile qui a attaché son nom à plusieurs constructions à Alger.

Sa date, bienfait de la direction droite (1), ∴ est dans (les mots) : *dis : il est le Dieu unique* (2).

Et c'est : 1042.

Le chiffre qui occupe le rang des dizaines est fruste. Je crois y reconnaître un ٣ dont la partie supérieure manque, ce qui pourrait le faire prendre pour un ٢. J'hésite d'autant moins à adopter la date 1042 (3), que d'un côté le chronogramme annoncé donne précisément ce nombre, si l'on additionne les lettres de tous les mots qui suivent les mots تاريخه, seule manière d'arriver à un résultat admissible, et que, d'un autre côté, l'histoire nous apprend qu'à cette époque il y avait effectivement à Alger un pacha du nom de Hossaïn.

L'année 1042 a commencé le 19 juillet 1632 et fini le 7 juillet 1633. Le *livret* nous a déjà appris que cette inscription figurait au-dessus de la principale porte du palais des pachas, appelé par nous *Jénina*, nom qui signifie *petit jardin*, et qui s'appliquait, en réalité, à l'une des dépendances de cet édifice.

Nº 38. Inscription turque et arabe en relief ; sept lignes ; mauvais type oriental ; exécution médiocre. Plaque en marbre mesurant 0ᵐ85 de largeur sur 0ᵐ62 de hauteur. — M. Albert Devoulx, *Alger*.

(Indications du livret. Inscription turque en relief, datée de 1122 (1710). Décret relatif à la disposition des biens de janissaires tués ou captifs. Remis par le Génie. Voir nº 36).

اللهم احفظنا بحفظك يا ناظر الخط الله عظيم الشان جمله مزه

خير اولانى ميسر اتمش ايله

جزاير عسكر ندن شهيد اولانلر يمز واسير دو شنلر يمزك وارثى

او لدنجه اشيالرى قليل

---

(1) La vraie direction religieuse, celle que suivent les bons musulmans.

(2) Coran, chapitre CXII, verset 1ᵉʳ.

(3) On a vu que Berbrugger indique la date 1022.

وكثير بيت مال المسلمين كلوب صاتلوب تحصيل اولانى عدديله

مهرلنوب بدستان ايتى عمراوغلى

يدنده امانت قونلوب صاحبى سلامتله كلد كده كند واليم

الوب بها سنه معتين اوله وفرق

سنه دن صكره بيت المال اخد ايله هركيم بوشى· بوزمسنه

سبب اولورسه لعنة الله عليه

لعنة الله عليه لعنة الله عليه والملايكة والناس اجمعين وكتب عن

اذن جملة جميع العسكر المنصور

بالله تعالى وذلك فى اواخر رجب الاصب من عام اثنين

وعشرين ومائة والف ١١٢٢

Je traduis ainsi une traduction faite en arabe par feu Mohammed ben Otsman Khodja :

O mon Dieu ! conserve-nous par ta protection ! O vous qui regardez cette écriture, que Dieu, dont les œuvres sont immenses, vous facilite à tous l'accomplissement du bien ! Nous sommes les soldats d'Alger. Si l'un de nous meurt martyr (1), ou est fait prisonnier, sans qu'il ait un héritier, tout ce qui lui appartient sera apporté au beït-el-mal des musulmans (2), qui procèdera à sa vente. Le produit de cette vente sera compté, mis sous les scellés et déposé entre les mains de Ben Oumar (3), le directeur du badestan (4). Si le propriétaire est délivré et revient, il se

(1) C'est-à-dire *est tué dans la guerre sainte*, dans une guerre entreprise contre les infidèles.

(2) Administration chargée de recueillir les successions en déshérence.

(3) Le décret épigraphique oublie de mentionner les successeurs de cet administrateur.

(4) Marché aux esclaves chrétiens. C'était aussi dans ce bazar que s'opérait le partage des prises faites en mer. Son emplacement est compris dans la place *de la Pêcherie*, dont le nom devrait rappeler ce local de lamentable mémoire.

présentera en personne et recevra son bien, constaté et compté. S'il n'est pas revenu au bout de quarante ans, la somme sera encaissée par le beït-el-mal. Quiconque sera la cause de l'altération de ces dispositions, que la malédiction de Dieu soit sur lui, que la malédiction de Dieu soit sur lui, que la malédiction de Dieu soit sur lui, ainsi que celle des anges et de tous les hommes ! Écrit par l'ordre de l'universalité de tous (sic) les soldats assistés par Dieu, qu'il soit glorifié ! Et cela dans les derniers jours du mois de redjeb le sourd de l'année mil cent vingt-deux. 1122.

Cette inscription, dont la date est comprise entre le 14 et le 24 septembre 1710, était placée dans l'intérieur de la Jénina ou palais des pachas d'Alger. Il est probable que des soustractions commises au préjudice de janissaires disparus par suite des évènements de la guerre, avaient motivé ce décret de la milice, jugé assez important pour être gravé sur le marbre et exposé aux yeux de tous dans le siége même du gouvernement. La puissance de la milice était alors à son apogée, par suite d'un évènement que je rappelle au nº 39.

Nº 39. Inscription turque en relief ; trois lignes ; type oriental, médiocre ; exécution médiocre. Plaque en marbre mesurant 0ᵐ85 de largeur sur 0ᵐ30 de hauteur. — M. Albert Devoulx, *Alger.*

(Indications du livret. Inscription turque en relief, datée de 1122 (1710) et portant que tout fonctionnaire public qui malversera aura la tête pilée dans un mortier. Remis par le Génie. Voir nº 36).

وجزاير بكلريمزدن هركيم نيت ايله خدمت اتميوب لزمه ايله قهر ايسه

صكره دوتلر ايسه باشى ديبكده ازيلوب انوك امثالنه لعنت اوقنوب

بردنى بكلكك ويرمليه ديو اتفاق ايله بوموضعه كتب اولندى ١١٢٢

Je traduis ainsi, d'après feu Mohammed ben Otsman Khodja :

Celui de nos beys (1), à Alger, qui ne servira pas avec dévoue-
ment, ou qui prendra la fuite en emportant le tribut (2), aura la
tête pilée dans un mortier, quand on le saisira. Quiconque
commettra un acte se rapprochant de cela, sera maudit, et on
ne lui accordera plus un emploi dans le gouvernement. Voilà
ce qui a été arrêté de l'avis général, et cela a été écrit en cet
endroit. 1122.

Cette inscription, dont la date est comprise entre le 2 mars 1710
et le 18 février 1711, était encastrée, comme la précédente, dans
l'intérieur de la Jénina ou palais des pachas. La question finan-
cière était la grande préoccupation des chefs de la Régence, bien
plus soucieux de s'enrichir que de faire prospérer le pays dont
l'administration leur était confiée. Il fallait aussi et surtout
songer à ne pas laisser en souffrance la paie des janissaires, car
ces derniers n'entendaient pas raison sur ce chapitre et accueil-
laient le moindre retard par des révoltes dans lesquelles le malheureux débiteur laissait ordinairement sa vie. On comprend
que le Dey, sollicité par le sentiment de sa conservation et par
ses intérêts, usât à son tour de moyens violents pour raffermir la
probité chancelante de ses agents. C'est pour rappeler à tous
leurs devoirs, qu'on avait jugé à propos de confier au marbre les
mesures arrêtées pour la punition des coupables. Cette procla-
mation épigraphique et comminatoire, placée en évidence dans
la résidence du chef de l'Etat, est un trait de mœurs très-
curieux. Un exemple récent était alors dans toutes les mémoires
et explique cette colère. Vers la fin de 1709, le bey de Constantine, qui devait apporter à Mohammed Baktache un tribut de
20,000 piastres, s'était enfui avec toutes ses richesses, et le malheureux Dey paya de sa vie, en mars 1710, le retard que la paie
des janissaires avait éprouvé par le fait de ce détournement.

_____

(1) Gouverneurs de provinces. Il y en avait trois : celui de Constantine, celui d'Oran et celui de Tittery. Ils apportaient chaque année
ou envoyaient au pacha par leur khelifa (lieutenant) une forte redevance.

(2) C'est la redevance dont il est question dans la note ci-dessus.

Il semblerait, d'ailleurs, que ce décret marmoréen ait été ré-
digé au nom et sous l'inspiration de la milice, devenue omni-
potente par suite d'une révolution qui introduisait une nouvelle
et dernière modification dans la forme du gouvernement de la
Régence. Ali Chaouch, élu le 14 août 1710 (1), obtint de la
Sublime-Porte qu'elle n'enverrait plus de pacha à Alger, et
qu'elle conférerait au Dey lui-même, c'est-à-dire au chef élu par
la milice, le titre et les fonctions de pacha. Bien que la Régence
restât, au moyen de cette investiture, sous le patronage de la
Turquie, celle-ci perdit, par suite de cette innovation, tout
contrôle et toute autorité directe. Du reste, si les Deys s'étaient
affranchis de la tutelle peu gênante de la Sublime-Porte, ils ne
purent échapper au joug autrement redoutable de leurs terribles
électeurs, et le caftan de pacha ne les garantit pas des coups de
la milice, qui resta, en définitive, la souveraine absolue, jusqu'au
moment où Ali Pacha eut l'ingénieuse idée, en 1818, de se réfu-
gier dans la citadelle.

Nº 40. Inscription arabe en relief; six lignes; type oriental;
médiocre. Plaque en marbre mesurant 0ᵐ50 de largeur sur
0ᵐ495 de hauteur. (Inédite).

(Indications du livret. Inscription en relief datée de 1123 (1711), et
provenant d'une construction élevée par Ali Dey Ibn Hossaïn Soukali. Acquis le 15 janvier 1855).

الحَمْد لله هاذا بناء مُبَارَكَ بديع في غَايَـة

الاتقان وَحُسْن الصَّنيع احدثه الامير

الهُمَام فخَرُ الامَـرَاء الكِرَام المايد بِعِنَايَتِه

الـمَلِكَ العلام عَلى داى ابن حُسَيْن سُوكَلى

كَانَ الله لهُ ولى وَذَلِكَ بِتـارِينِخ ربيـع

الثّانى من عام ثلاثة وَعشرين وَمائة والف ١١٢٣

---

(1) Il semble probable que l'inscription nº 39 a été faite en même
temps que la précédente (nº 38), laquelle est du mois de septembre 1710.

Louange à Dieu. Ceci est une construction bénie, merveilleusement élevée avec le plus grand art et élégance. Elle a été édifiée par le prince magnanime, illustration des grands princes, assisté par la grâce du Souverain, du Très-Savant (Dieu), Ali Dey, fils de Hossaïn Soukali. Que Dieu soit son protecteur. Et cela à la date de rebi' 2e de l'année mil cent vingt-trois. 1123.

Il m'a été impossible de constater à quel édifice avait appartenu cette inscription, dont la date est comprise entre le 19 mai et le 16 juin 1711.

Nº 41. Inscription turque en relief; lignes enchevêtrées; type oriental, assez bon. Plaque en marbre mesurant 0m495 de largeur sur 0m495 de hauteur. (Inédite).

(Indications du livret. Inscription en relief, portant la même date que le nº 40 et mentionnant le même pacha. Même provenance).

اشبو دار الجهاد محروسة جزاير تعمير بنا دابرانى فى زمن

السلطان ابن السلطان احمد خان خاقانى شهرته دليل اولد

عمر حكمنده سوكلى على دای بيك يوزيكرمى اوچ تاريخنده

تكميل اولدى بنيادى فى غرة شهر مولد النبى الهادى بتاريخ

سنة ١١٢٣

A été élevée cette construction, à Alger, la protégée (de Dieu), boulevard de la guerre sainte, du temps du sultan fils de sultan Ahmed khan (1), le khakani (2), sous le commandement de celui qui est célèbre dans son siècle, Soukali Ali Dey, en l'année mil cent vingt-trois. Cette bâtisse a été achevée lors de la nouvelle lune du mois de la naissance du Prophète, le guide (des fidèles), de l'année 1123.

Il m'a été impossible de reconnaître à quel édifice avait appar-

_____

(1) Khan est le titre des empereurs ottomans.
(2) Adjectif relatif de khakan, qui est aussi le titre des empereurs turcs; cela signifierait donc l'*impérial*.

tenu l'inscription ci-dessus, dont la date correspond à une
période comprise entre le 19 et le 22 avril 1711. Quant au dey
Ali, j'en ai parlé au n° 39.

N° 42. Inscription arabe en relief; quatre lignes, plus la date;
bon type oriental. Stèle en marbre, avec fleurs sculptées sur la
face postérieure; largeur : 0ᵐ28 (sans la bordure); hauteur (de
la partie écrite, non compris la date) : 0ᵐ58. (Inédite).

(Indications du livret. Stèle de Mohammed Pacha ben Beker. Epitaphe datée de 1168 (1754). Donné en 1855 par Mgr Pavy, évêque
d'Alger).

هذا قبر المرحوم

بكرم الحى القيوم

محمد باشا بن بكر رحمة الله عليه

وكان حاكما للجزاير عاما سبعة

سنة ١١٦٨

Ceci est le tombeau de celui auquel il a été fait miséricorde
par la bonté du Vivant, du Subsistant,
Mohammed Pacha, fils de Beker. Que la miséricorde de Dieu
soit sur lui !
Il a été gouverneur d'Alger pendant sept ans.
Année 1168.

Mohammed, précédemment khodjet el-khil (1), et surnommé
Il retorto, fut élu, le 3 février 1748, en remplacement du pacha
Ibrahim, mort d'apoplexie. Il était poète et homme de bien.
Mais la France n'eût pas à se louer beaucoup de ses procédés.
C'est sous son règne, en 1753, qu'eût lieu le supplice du capi-
taine français Prépaud, mort sous le bâton pour avoir combattu

_____

(1) C'était le titre d'un des hauts fonctionnaires de la Régence, dans
les attributions duquel se trouvaient les transports militaires et la
gestion de certaines propriétés de l'Etat.

un corsaire algérien (1). Ce pacha fut assassiné le 11 décembre 1754, au moment où il présidait la solde des janissaires, ainsi que le rappelle l'article que j'ai publié dernièrement dans la *Revue africaine* (t. XVI, p. 321).

L'année hégirienne 1168, indiquée dans l'épitaphe ci-dessus, a commencé le 18 octobre 1754 et fini le 6 octobre 1755.

Nº 43. Inscription arabe en relief; quatre lignes; jolis caractères orientaux; exécution passable. Stèle en marbre; bordure consistant en une espèce de chapelet formé d'oves dont chacune a la forme d'un œuf tronqué à ses extrémités; largeur : 0ᵐ275 ; hauteur (de la partie écrite) : 0ᵐ45. (Inédite).

(Indications du livret. Marbre tumulaire de Soultana, fille d'Abdi Pacha, daté de 1171 (1757). Voir les nᵒˢ 4 et 8).

هذا قبر المرحومة

بعناية الله والرحمة

السيدة سلطانة

بنت عبدي باشا سنة ١١٧١

Ceci est le tombeau de celle à qui il a été fait miséricorde par la grâce de Dieu et la clémence divine, la dame Soltana, fille d'Abdi Pacha. Année 1171.

L'intérêt historique de cette épitaphe est bien faible, puisqu'il ne s'agit que de la fille du pacha Abdi. L'épitaphe de celui-ci fait l'objet du nº 8 de mon présent travail. Quant à l'année hégirienne 1171, indiquée ci-dessus, elle est comprise entre le 15 septembre 1757 et le 3 septembre 1758.

Nº 44. Inscription turque en relief; trois lignes divisées en deux parties, plus la date; caractères orientaux, médiocres. Pla-

_____

(1) Voir mes *Archives du Consulat de France à Alger*, et l'article que j'ai publié dans la *Revue africaine*, tome XVI, page 161.

que en marbre ; largeur : 0ᵐ675 ; hauteur : 0ᵐ35. — M. Albert
Devoulx, *Alger.*

(Indications du livret. Inscription turque datée de 1005 (1596) et
mentionnant Moustafa Pacha. Ce gouverneur dont le nom plein est
Moustafa ben Kiaïa pacha, administra le pays du mois de juillet 1595
au mois d'octobre de la même année. Provenant de la caserne Médée
et remis par le Génie en 1855).

مـراد مصطفى پاشـای هـمركاه

مقصودنه ويـسـروب اركـور اللّه

غزاة دين ايچـون بـر باب يابدى

رعـنا عجـب كـورن دراولمز اشبـاه

هاتف ديدى بق ذاهى دى نه تاريخ

بـونك كه نـام باب نصرة اللّه

سنة ١٠٠٥

Je traduis ainsi une traduction faite en arabe par feu Mohammed ben Otsman Khodja :

Que Dieu exauce les vœux de Mustapha Pacha, à chaque moment, ... et réalise tous ses désirs ;

car il a construit pour les guerriers de la Foi, une porte dont
la beauté est extraordinaire. ... Quiconque la voit, s'écrie : elle
n'a point de pareille !

Celui qui l'admirait a dit : regarde, ô ami de la religion. ...
Sa date est : ceci est la porte de l'assistance de Dieu !

Année 1005.

L'année hégirienne 1005 a commencé le 25 août 1596 et fini
le 13 août 1597. La caserne dont provient cette inscription était
appelée la *vieille caserne de janissaires* (دار الانچشايـريت القديـت)
et aussi *el foukaniya* (الفوقانيت), la supérieure, de sa position
relativement à une autre caserne contiguë. On voit qu'il n'est
question que d'une porte dans l'épigraphe ci dessus. La caserne
existait donc antérieurement aux travaux que rappelait ce docu-

4 *

ment. Deux inscriptions étaient placées sur cette porte : celle qui fait l'objet de cette notice et une inscription arabe, datée de 1047 (1637) et encore en place.

Nº 45. Inscription arabe en relief ; trois lignes, plus la date ; type oriental bon. Espèce de fer à cheval ou de fronton évidé à sa base ; en marbre ; plus grande largeur : 0m93 ; hauteur prise au milieu : 0m53. — M. Albert Devoulx, *Alger*.

(*Indications du livret*, Inscription turque datée de 1174 (1760) et mentionnant Ali Pacha. Même provenance que le nº 44).

١١٧٤

جا قدر العين من على باشا

ربنا اجعل له سعيه مشكور * واشرب من مايها واقرا التاريخ

يطيب حياتنا شراب طهور * سنة اربعة وسبعين ومائة والف

1174.

L'abondance de cette fontaine est l'œuvre d'Ali Pacha.

O notre Souverain, fais que son entreprise soit récompensée ! . . . Bois de son eau et lis la date.

Elle procure une vie heureuse ; c'est une boisson pure. Année mil cent soixante-quatorze.

Quoiqu'en ait dit Berbrugger, cette inscription est bien arabe et non turque. La caserne où se trouvait placée la fontaine à laquelle appartenait cette plaque, est celle que j'ai mentionnée au nº 44. Quant à l'année 1174, elle a commencé le 13 août 1760 et fini le 1er août 1761.

Nº 46. Inscription arabe en caractères creux remplis de plomb ; quatre lignes, dont deux au-dessus et deux au-dessous d'un *sceau de Salomon* (1) exécuté en creux rempli de plomb et ren-

_____

(1) L'anneau de Salomon se compose de deux triangles entrecroisés. Voir la figure C du tableau que j'ai joint à mon article sur les *Chiffres arabes*, page 456 du tome 16 de la *Revue africaine*.

fermant un croissant ; type barbaresque, mauvais ; mauvaise
exécution. Plaque en marbre, mesurant 0ᵐ65 de largeur sur
0ᵐ66 de hauteur. — M. Albert Devoulx, les *Edifices religieux de
l'ancien Alger,* chapitre L, page 159. — Le même, *Alger.*

(Indications du livret. Inscription à lettres en plomb, relative à
l'école fondée en 1125 (1713), par Ali Pacha et appelée msid djebbana
Ali Pacha (école du cimetière d'Ali-Pacha), près de l'Evêché. Cette
école est démolie depuis plusieurs années).

الحمد لله امَر ببناء هذا المكتب

لامير المفخم السيّد علي باشا نصره الله

اوايل في شهر صفر سنة ١١٢٥

عام خمسة وعشرين وماية والف

Louange à Dieu ! A ordonné la construction de cette école .·.
le prince considérable, le seigneur Ali Pacha, que Dieu l'assiste !
Premiers jours du mois de safar de l'année 1125 .·. an mil
cent vingt-cinq (Soit du 27 février au 8 mars 1713).

En ce qui concerne l'école dont provient cette inscription, je
ne puis que renvoyer à la page 159 de mes *Edifices religieux de
l'ancien Alger.*

Nº 47. Inscription arabe en relief ; quatre lignes ; type oriental ; médiocre. Stèle en marbre ; largeur : 0ᵐ40 ; hauteur (de la
partie écrite) : 0ᵐ47. (Inédite).

(Indications du livret. Epitaphe en relief de Sliman, ancien khodjet
el-khel (écrivain de la cavalerie), mort en 1216 (1801). Acheté.)

في سنة ١٢١٦

هذه قبر المرحوم بكرم

الحمى القيوم سليمان خواجه

خواجه الخيل كان

En l'année 1216.

Ceci est le tombeau de celui auquel il a été fait miséricorde par la bonté

Du Vivant, du Subsistant, Sliman Khodja,
Qui avait été khodjet el-khil.

Le *Khodjet el-khil* (écrivain aux chevaux) était un fonction-naire ayant dans ses attributions les transports à faire pour les besoins de l'armée. Le titre indiqué fautivement par Berbrugger (el-khel), signifierait *écrivain du vinaigre*, ce qui ne serait pas du tout la même chose. Quant à l'année 1216, elle a commencé le 14 mai 1801 et fini le 3 mai 1802.

N° 48. Inscription arabe en relief ; trois lignes, type oriental, médiocre. Plaque en marbre mesurant 0m33 de largeur sur 0m29 de hauteur. (M. Albert Devoulx. *Alger*).

(Indications du livret. Inscription en relief provenant d'une fontaine élevée, en 1218 (1803), par Moustapha Kheznadji Kazdali).

قد امر ببناء هذه العين على سبيل الخيرات

والحسنات الراجي عفو ربّه الناجى عبده السيّد

مصطفى قازدعلى خزناجى سنة ١٢١٨

A ordonné la construction de cette fontaine, pour suivre la voie des bienfaits

Et des bonnes œuvres, celui qui espère en la clémence de son Souverain le Sauveur, son adorateur, le seigneur

Moustafa Kazedali, Kheznadji. Année 1218.

Le kheznadji, ou grand trésorier, était le plus élevé des digni-taires de la Régence. Comme son titre l'indique, la principale de ses attributions était la direction de toutes les opérations finan-cières. Il rendait la justice dans certains cas, et suppléait même, parfois le pacha, dans des affaires politiques, judiciaires, diplo-matiques ou administratives.

L'année 1218, indiquée ci-dessus, a commencé le 23 avril 1803 et fini le 11 avril 1804. Les recherches que j'ai effectuées au sujet de la topographie de l'Alger turc m'ont permis de constater que la fontaine à laquelle appartenait cette inscription s'appelait du nom du quartier, *Aïn bab es-Souk* (la fontaine de la porte du marché), et était située dans la rue du Soudan, près du cimetière dit *djebbanet Ali pacha*, à la hauteur de la rue Bruce actuelle. Cette fontaine est détruite depuis longtemps.

Nᵒ 49. Inscription turque en relief ; sept lignes ; type oriental, médiocre. Plaque en marbre mesurant 0m49 sur 0m49. (Inédite).

(Indications du livret. Inscription en relief relative à la grande fontaine de Médéa, bâtie par Ahmed khodja en 1238 (1822).

مساعى دائما خيراته احمد خواجه بل ابا

محسن يا بد يروب بوغين الكبيرى ايلدى احيا

دعائى خيريله كم بان ايدرسه نوش ايدوب ابين

شفاعت ايده محشرده حبيبى حضرة مولا

انك بو كبيرنى هم اهلى بيتى محصنه خاتون

كه بنيان ايتدى چون داربنده اولسون شان وحرم تا

چولطفى حق ايله بنيان لرى اولد غيچون تا اولبدر تاريخانى

غين وراولام وحاجانا سنة ١٢٣٨

Je traduis ainsi, d'après une version faite en arabe par feu Mohammed ben Otsman khodja.

Celui qui se consacre incessamment à de bonnes actions , Ahmed Khodja, a fait construire, dans sa munificence, cette grande fontaine et l'a fait couler. Que celui qui fait bâtir pour obtenir des actions de grâces, établisse une fontaine semblable à celle-ci. Son eau est comme du miel. Qu'au jour de la réunion du genre humain, l'Ami (Mahomet) intercède auprès du Maître (Dieu), pour notre chef, dont il est question, et pour l'habitante de sa demeure, la dame vertueuse. Que de constructions il a fait élever dans l'intention de se procurer le respect et les honneurs dans ce monde et dans l'autre ! Grâces soient rendues au Bon (Dieu), qui lui a permis de terminer sa bâtisse, dont la date est (contenue dans les lettres suivantes) : غين وراولام وحاجانا. Année 1238.

D'après Mohammed ben Otsman khodja, les mots que je me suis borné à transcrire n'offrent aucun sens et renferment un chronogramme. Je laisse, bien entendu, à mon collaborateur la responsabilité de la première assertion. Quant à la seconde, je puis dire que, l'addition des lettres composant les mots inexpliqués, ne m'a pas donné un résultat satisfaisant. L'année hégirienne 1238, heureusement indiquée en chiffres, est comprise entre le 18 septembre 1822 et le 6 septembre 1823. Le livret explicatif nous apprend, d'ailleurs, que cette inscription figurait sur la grande fontaine de Médéa.

N° 50. Inscription arabe en relief ; quatre lignes ; bon type oriental. Plaque en marbre mesurant 0m31 de largeur sur 0m31 de hauteur. (Inédite).

(Indications du livret, page 139. Inscription en relief provenant de la mosquée du moulin de Sidi Mohammed Cherif, relative à des réparations faites en 1255 (1839) par Ali ben en-Nedjar, chaouche de ce marabout. Donné par le dit chaouche).

مصلح هذا المسجد اراد به وجه الله

لان فاعل الخير لا يضيعه الله

مصلحه علي بن احمد النجار شاوش سيدى امحمد الشريف

بالآجر والثواب عوضه الله سنة ١٢٥٥

Celui qui a réparé cette mosquée, l'a fait pour mériter la satisfaction de Dieu,

Car Dieu n'abandonne point celui qui accomplit le bien.

Celui qui l'a réparée est Ali fils d'Ahmed en-Nedjar (le menui-
sier), chaouche de Sidi Mohammed ech-Cherif (1).

Que Dieu lui donne en échange la récompense et la rétribution. Année 1255.

La mosquée dont il est question dans cette épigraphe est celle
qui portait les noms de *Mesdjed el-Hammamats* et de *Mesjed
Abd Errahim*, laquelle sise à l'angle des rues des Abdérahmes et
Damfreville, a été démolie en 1850 et forme l'objet du § 1er du
chapitre XCIII (page 246) de mes *Édifices religieux de l'ancien
Alger*. La restauration rappelée était récente puisque l'année
1255 a commencé le 17 mars 1839 et fini le 4 mars 1840.

No 51. Inscription arabe en relief ; sept lignes ; type oriental ;
médiocre. Colonnette en marbre, avec turban de pacha ; hauteur
totale : 0m70 ; grosseur : 0m46 ; le turban a une hauteur de
0m23 et une circonférence de 0m90 ; la colonnette repose sur une
base carrée, en marbre, mesurant 0m35 sur 0m28, et ayant 0m29
d'épaisseur ; la partie écrite a 0m45 de hauteur et 0m09 de largeur. (Inédite).

(Indications du livret, page 126. *Mchahad* ou stèle de pacha, ce qui
se reconnaît à la forme du turban et à l'aigrette. On y lit la profession
de foi musulmane en relief).

لا الـ
الا الله
محمّد
رسول
الله
صلى الله
عليه وسلم

Il n'y a de dieu que Dieu. Mohammed est le prophète de Dieu.
Que Dieu répande ses grâces sur lui et lui accorde le Salut !

(1) Etablissement religieux sis à Alger, à l'angle des rues Kléber
et du Palmier.

N° 52. Inscription arabe en relief; trois lignes; type oriental; médiocre. Stéle en marbre, cassée en deux tronçons; hauteur : 0ᵐ39; largeur : 0ᵐ215. (Inédite).

(Indications du livret, page 142. Profession de foi gravée en relief sur un mchahad ou stèle).

لا إله إلا الله

محمد رسول الله

كل نفس دائقة الموت

Il n'y a de dieu que Dieu.
Mohammed est le prophète de Dieu.
Toute âme goûtera de la mort (1).

N° 53. Inscription arabe en relief; détériorée; quatre lignes, dont les trois dernières ont la même terminaison; type oriental, bon. Stèle en marbre; largeur : 0ᵐ33; hauteur (de la partie écrite) : 0ᵐ39. (Inédite).

(Indications du livret, page 141. Profession de foi suivie d'une sentence religieuse, dont le sens est : « O toi qui t'arrêtes devant mon tombeau, ne t'étonne pas de mon destin : ce qui m'est arrivé hier t'arrivera demain. »)

لا إله إلا الله محمد رسول الله

يا واقفًا على قبري

لا تتعجب في أمري

بالامس كنت مثلك وغدا تصير مثلي

Il n'y a de dieu que Dieu, Mohammed est le prophète de Dieu.
O toi qui t'arrêtes devant ma tombe,
ne t'étonne pas de ce qui m'est arrivé :
hier j'étais comme toi, demain tu deviendras comme moi.

_____

(1) C'est-à-dire tout homme mourra. C'est un passage du Coran. Voir le n° 67.

Nº 54. Inscription arabe en relief ; huit lignes, dont six ont la même terminaison ; bordure en arabesques ; type barbaresque, médiocre ; exécution médiocre ; plaque en marbre, mesurant 0ᵐ50 sur 0ᵐ50. Cette tablette a été cassée en plusieurs morceaux ; les deux principaux fragments ont été réunis et placés dans un cadre en bois, mais il y a plusieurs lacunes. (M. Albert Devoulx, *Alger*).

(Indications du livret, page 138. Partie supérieure gauche d'une inscription en relief, avec emploi de l'or, du rouge, du vert et du noir sur les arabesques, bordure, lettres et entre-lettres (1). Provenant de la mosquée de Sidi Abderrahman et-Tsalebi. Acquis *d'un européen.* Une autre partie de cette même inscription a été donnée plus tard par M. Serpolet, architecte voyer).

Cette inscription n'est autre chose que la copie épigraphique d'une pièce de vers composée à la louange de *Sidi Abd Errahman et-Tsa'lbi,* célèbre marabout, dans la chapelle duquel elle devait évidemment être placée avant de tomber entre les mains des modernes Vandales qui l'ont mutilée. J'ai pu combler les lacunes qu'elle présente en consultant une copie manuscrite de ce panégyrique (mad'h) qui est psalmodié souvent sur la tombe du saint ; cette copie, d'une date assez récente, est encadrée et suspendue près de la châsse. Il y a entre l'exemplaire sculpté et l'exemplaire manuscrit quelques variantes que je vais faire ressortir en donnant le texte de l'inscription.

(1) بسـم الله الرّحمن الرّحيم   *   وصلّى الله على سيّدنا محمد

(2) اذا رُمت ان تَحضَى بنيل المطالب *

(3) فـزر قبـر تاج الـعَارفين الـتـعالبى

─────────────

(1) Cette peinture n'est plus apparente. A. D.

(1) Cette ligne ne se trouve pas dans le tableau manuscrit.

(2) Orthographe fautive pour تحظى, mot qui se trouve dans le manuscrit.

(3) Emploi fautif d'un ت au lieu d'un ث ; le manuscrit donne la vraie orthographe.

ملاد (1) مُرتّ قدوة مالجماء (2) هذى ٭ امـام حـبـاه الله كـل الـمـواهب
بمـ رفـع الله الجـزائـر مشـرقـا ٭ وغـربـا فـلازم قـبّرهُ في النوايـب
فكم عقدا! (3) قد حلمها وازاحها (4) ٭ وَفرجـها من بعد ضيق الـمـذاهب
وقـد قـال بعضُ العارفين مجـربـا ٭ زيارته ثانى بازكى المّـا (رب) (5)
فـيَا رتِ بلـغ سُئـل من جَماء زايـرًا ٭ (وب)المغُ من دارثِه (كل المطالب)
توفى ابق الله اشراق نـوره ..... (6)

Je traduis ainsi :

Au nom de Dieu, le clément, le miséricordieux. ⁙ Que Dieu
répande ses grâces sur notre seigneur Mohammed !

Quand tu souhaites ardemment d'obtenir l'objet de tes désirs,
⁙ visite le tombeau de la couronne des savants, le tsa'lebi (7).

Il est une citadelle (8), un instructeur (9), un modèle, un
refuge, une direction (10), ⁙ un imam (11), que Dieu lui accorde
toutes les faveurs !

---

(1) Un ﺩ pour un ﺫ, faute que ne commet pas le manuscrit.

(2) Dans le manuscrit مالجماء est placé avant قـدورة.

(3) Le manuscrit emploie la forme عقدة qui est la bonne.

(4) Dans le manuscrit on trouve la variante وأزالـها, qui paraît préférable, bien que le sens soit le même.

(5) Cette ligne ne se trouve pas dans le manuscrit. Les diverses resti-
tutions que j'y ai faites ne sont donc qu'hypothétiques. La lecture de
certains mots offre quelque incertitude.

(6) Cette ligne ne figurant pas sur le manuscrit, je ne puis restituer
le passage que renfermait le morceau de plaque qui manque.

(7) Le marabout Sidi Abderrahman appartenait à la tribu des Ta'lba,
qui dominait jadis dans la Mitidja et qui était anéantie lorsque la domination turque commença en Algérie.

(8) Ce qui protège quelqu'un et fait sa force.

(9) Qui donne l'éducation, qui instruit et dirige.

(10) Ce qui sert à guider quelqu'un et à lui montrer le bon chemin, surtout en matière de religion.

(11) Chef, guide; et aussi celui qui récite les prières au peuple, par dé-
légation de l'imam suprême, successeur de Mahomet.

Par lui, Dieu a rendu Alger célèbre au Levant ... et à l'Occident. Dans les malheurs, son tombeau est donc indispensable.

Que de difficultés il a résolues, fait cesser ... et dissipées, malgré les obstacles.

Quelques personnes qui le savaient par expérience, ont dit : ... son pélerinage procure la plus pure des prospérités.

O mon Dieu, réalise donc les vœux de celui qui vient le visiter, ... et accorde lui dans ses deux vies (1), toutes ses demandes.

Il est décédé, que Dieu perpétue l'éclat de sa lumière.... (2).

En ce qui concerne le marabout Sidi Abd Errahman et-Tsa'lebi et son établissement, je ne puis que renvoyer au chapitre VII (page 37) de mes *Edifices religieux de l'ancien Alger*.

Nᵒ 55. Inscription arabe en relief; quatre lignes; beau type oriental. *Stèle en marbre avec fleurs sculptées derrière*; largeur : 0ᵐ27; hauteur (de la partie écrite) : 0ᵐ55. (Inédite).

(Indications du livret, page 142. Profession de foi gravée en relief sur un mchahad).

لا اله الّا الله

محمد رسول الله

الصادق الامين

صلى الله عليه وسلم تسليما

Il n'y a de dieu que Dieu,
Mohammed est le prophète de Dieu ;
Il est sincère, *digne de confiance* ;
Que Dieu répande ses grâces sur lui et lui accorde le Salut !

Nᵒ 56. Inscription arabe en relief ; sept lignes ; mauvais type. Colonnette en marbre, à plusieurs pans, cassée dans la partie supérieure ; hauteur : 0ᵐ56 ; grosseur : 0ᵐ38 ; base carrée, mesurant 0ᵐ22 sur 0ᵐ23 et ayant 0ᵐ14 d'épaisseur. (Inédite).

---

(1) Dans la vie d'ici-bas et dans la vie future.

(2) Cette ligne ne se trouvant pas dans la poésie manuscrite, il m'est impossible de restituer le passage gravé sur le morceau de plaque qui manque.

(Indications du livret, page 142. Pilastre en marbre portant en relief la profession de foi).

لا الـ

لا الله

الـملك الحق

المبين محمد

رسول

الله نـفا

عـنـا

Il n'y a de dieu que Dieu, le Souverain, la Vérité, l'Evident.
Mohammed est le prophète de Dieu. Qu'il nous soit utile.

Nº 57. Inscription arabe en relief ; type oriental ;· mauvais.
Colonnette octogone, en marbre, cassée dans la partie supérieure ;
hauteur : 0m64 ; grosseur : 0m33. (Inédite).

(Indications du livret, page 142. Pilastre en marbre portant en relief
la profession de foi).

Sur deux des pans, la profession de foi mahométane est répé-
tée, chaque ligne ne contenant qu'un mot.

لا

الـه

لا

الله

محمد

رسول

الله

Il n'y a de dieu que Dieu , Mohammed est le prophète de
Dieu.

Nº 58. Inscription arabe en relief ; type barbaresque, très
mauvais. Partie supérieure d'une stèle en marbre avec arabes-

ques derrière ; largeur : 0m18 ; hauteur : 0m37. (Inédite).

(Indications du livret, page 142. Mchahad avec arabesques).

Voici ce que j'ai pu lire sur cette épitaphe mal écrite et en partie fruste :

هذا قبر المرحومة

بكرم الله و ......

احمد بن العيد ....

بن مام كهيا ....

. . . .

Ceci est le tombeau de celle qui a été pardonnée par la bonté de Dieu et ...... Ahmed fils d'El-Aïd ...... fils de Mami Kahia ......

Nº 59. Inscription arabe en relief ; cinq lignes ; type oriental ; bon. Stèle en marbre surmontée d'un croissant dont la corne droite est brisée ; largeur sans la bordure : 0m27 ; hauteur (de la partie écrite) : 0m52 ; arabesques dans la partie postérieure. (Inédite).

(Indications du livret, page 142. Mchahad surmonté d'un grand croissant brisé, avec profession de foi).

لا إله الّا الله

الملك الحق

المبين محمد

رسول الله صادق

الوعد الامين

Il n'y a de dieu que Dieu,
Le Souverain, la Vérité
évidente. Mohammed
est l'envoyé de Dieu ; il est sincère dans ses promesses, digne de confiance.

No 60. Inscription arabe en relief ; quatre lignes ; type barbaresque, mauvais, enjambement entre la première ligne et la seconde. Stèle en marbre ; largeur : 0m21 ; hauteur (de la partie écrite) : 0m35 (Inédite).

(*Indications du livret*, page 141. Les deux stèles du tombeau d'un Hassan (1). Epitaphe et profession de foi).

هذا قبر المرحو

م بكرم الله حسن (2)

باشه رحمه الله ورحيم (sic)

المسلمين اجمعين

Ceci est le tombeau de celui à qui il a été pardonné par la bonté de Dieu, Hassan Pacha. Que Dieu lui fasse miséricorde et fasse miséricorde à tous les musulmans !

L'absence de date enlève à cette épitaphe de pacha l'importance qu'elle aurait sans cette négligence. En l'état, il est impossible d'indiquer avec certitude quel est le pacha auquel s'applique cette inscription, qui doit être assez ancienne à en juger par sa ressemblance avec des épitaphes remontant aux premiers moments de la domination turque en Algérie. L'autre stèle de cette tombe fait l'objet du no suivant.

No 60 bis. Inscription arabe en relief ; quatre lignes ; type barbaresque, mauvais. Stèle de tête d'une tombe, dont la stèle de pieds forme l'objet du no 60. (Inédite).

---

(1) Berbrugger n'a pas remarqué qu'il s'agissait d'un pacha ; cependant le mot باشه est parfaitement lisible. A. D.

(2) Sous le mot حسن, il y a un caractère qui semble un ف ou un ق , mais qui pourrait aussi figurer un و, attendu l'irrégularité du type. Il m'a été impossible de donner à cette lettre un rôle rationnel dans la phrase, et je pense que c'est simplement une floriture inventée par l'ouvrier pour remplir un vide trop grand.

لا اله لا الله

محمد رسول الله

الصادق الامين

صلى الله عليه وعلى ٠اله

Il n'y a de dieu que Dieu ; Mohammed *est le prophète de Dieu* ; il est sincère, digne de confiance. Que Dieu répande ses grâces sur lui et sur sa famille.

N° 61. Débris de pierre tumulaire sans inscription.

(Indications du livret, page 142. Fragments de mchahad).

N° 62. Globe en marbre ayant une circonférence de 0ᵐ93 ; sans inscription.

(Indications du livret, page 139. Globe en marbre avec des espèces de méridiens et un équateur en relief. Provenant de la caserne Médée).

N° 63. Stèle en ardoise, cassée dans sa partie supérieure, dont il reste une portion offrant des arabesques ; nulle trace d'inscription contrairement à l'assertion du livret ; largeur : 0ᵐ32 ; hauteur (du *fragment* de la partie sculptée) : 0ᵐ23.

(Indications du livret, page 142. Mchahad en ardoise, avec profession de foi.)

N° 64. Inscription arabe en caractères coufiques ; relief assez faible, quatre lignes ; fioritures ; en mauvais état. Tablette en marbre mesurant 0ᵐ33 de largeur sur 0ᵐ22 de hauteur. (Inédite).

(Indications du livret, page 141. Inscription en caractères coufiques, provenant de Bougie. Acheté en 1855).

J'allais entreprendre de déchiffrer cette inscription, d'une lecture très-difficile, lorsque M. Richebé, professeur à la chaire d'arabe d'Alger, en fit la copie ci-après, dont j'eus connaissance

par M. Mac Carthy, conservateur-administrateur de la Bibliothèque et du Musée. Je ne puis mieux faire que de me borner à
reproduire la leçon du savant professeur.

بسم الله الرحمن الرحيم وصلى الله على محمد (1)

كل من عليها فان هذا قبر ابى بكر

بن يوسف توفى رحمه الله في شهر ربيع

الاول عام اثنى عشر وخمسمائة

Je traduis ainsi :

Au nom de Dieu clément et miséricordieux, que Dieu répande
ses grâces sur Mohammed.

Tous ceux qui sont sur elle (sur la terre), doivent mourir.
Ceci est le tombeau d'Abou Beker, fils d'Youssef. Il est décédé,
que Dieu lui fasse miséricorde, dans le mois de rebi' 1er de
l'année cinq cent douze.

Sur la face postérieure de cette stèle, se trouve gravée une
autre inscription en caractères coufiques, mais très-altérée.
M. Richebé a seulement pu reconnaître que c'était le texte d'une
prière. La date indiquée ci-dessus est comprise entre le 22 juin
et le 21 juillet de l'année 1118 de J.-C. Cette épitaphe est la
plus ancienne des inscriptions arabes dont j'ai pu prendre connaissance.

No 65. Inscription turque en relief ; trois lignes ; type oriental,
bon. Plaque en marbre mesurant 0m49 de largeur sur 0m37 de
hauteur. (M. Albert Devoulx, *Alger*).

(Indications du livret, page 135. Inscription turque en relief provenant du Fort-Neuf de la Pointe-Pescade ; avec la date 1239 (1823) et
la mention d'Hossaïn pacha. Remis le 18 janvier 1855 par le service
de la Douane.)

---

(1) Les cinq derniers mots ne figurent pas sur la copie de M. Richebé.

والى سلطان جـزايـر اول حسين باشا

جهاد ايچون اثر قويدى ياپوب بـوقلعـه بنـا

سنة تسعة وثـلثـون وماتين والف ١٢٣٩

Je traduis ainsi une traduction faite en arabe par feu Mahammed ben Otsman Khodja :

Le gouverneur d'Alger et son souverain, lequel est Hossain pacha,

pour les besoins de la guerre sainte, a fait élever ce fort et l'a érigé comme une trace durable.

Année mil deux cent trente-neuf (1239).

L'année 1239 a commencé le 18 septembre 1822 et fini le 6 septembre 1823. Le fort dont cette inscription rappelle la construction est établi à six kilomètres environ à l'ouest d'Alger et défendait une crique appelée par les indigènes *Mers-Eddebban*, le Port-aux-Mouches, et par nous *Pointe-Pescade*. Un poste de douaniers y est actuellement installé.

N° 66. Inscription arabe en quatre lignes ; très-mauvaise écriture se rapprochant du type oriental ; mauvaise exécution. Ardoise mesurant 0^m50 de largeur sur 0^m36 de hauteur. (M. Albert Devoulx, *Alger*).

(Indications du livret, page 139). Profession de foi sur ardoise, datée de 1162 (1748), et mentionnant un Abd-Allah. Donné le 24 mars 1855 par M. Tireau de l'Eymarière. Provient de la caserne Kharratin, aujourd'hui Trésor et Postes.

لا الـه الّا الله

محمد رسول الله

صاحب مالك عبد الله

سنة ١١٦٢

5

Il n'y a de dieu que Dieu,
Mohammed est le prophète de Dieu.

. . . .

Année 1162.

La troisième ligne, que j'ai laissée en blanc dans ma traduction,
est très-difficile à comprendre, bien qu'elle ne contienne que
trois mots dont le sens est très-clair quand on les considère iso-
lément. Le premier mot signifie le plus ordinairement *propriétaire, possesseur* ou *auteur de* (et aussi *ami* ou *compagnon*). Le
second mot peut être un nom commun : *propriétaire,* ou un
nom propre : *Malek.* Quant au troisième, il est incontestablement
un nom propre : *Abd-Allah.* En supposant les deux noms propres
Malek Abd-Allah, on pourrait admettre qu'ils sont réunis par le
mot sous-entendu ابن, *fils de,* que les Turcs supprimaient souvent, ainsi que les contrôles des janissaires et autres pièces en
offrent de nombreux exemples. On lirait alors : L'auteur (de ces
travaux est) Malek, (fils d') Abd-Allah. Mais le nom de Malek —
qui est celui de l'imam auquel appartient la fondation de la secte
malékite, — n'était pas adopté par les Turcs, lesquels suivent les
rites de l'imam Abou-Hanifa. Cette version semble donc inac-
ceptable, puisque d'un côté, dans une caserne il ne saurait être
question que d'un Turc, et que, d'autre part, un Turc ne s'appelait jamais Malek. Il me paraît inutile de présenter les autres
traductions qu'on pourrait hasarder. En présence d'un laconisme
aussi énigmatique, il est préférable de s'abstenir, car tout essai
d'interprétation serait aventuré.

La présence de la profession de foi mahométane pourrait faire
supposer que cette inscription est une épitaphe. Mais il faut remarquer, d'une part, qu'on n'inhumait pas dans les casernes, et
d'autre part, qu'on trouve quelquefois la formule sacramentelle
dont il s'agit sur des épigraphes commémoratives de constructions, de réparations ou d'autres travaux. Je pense donc qu'il
s'agit bien d'un embellissement de chambre, d'autant plus qu'on
ne remarque pas ici les appels à la miséricorde divine que les
tombes musulmanes offrent sans exception.

L'année 1162, indiquée sur cette inscription inexpliquée, a

commencé le 22 décembre 1748 et fini le 10 décembre 1749. La caserne *El-Kherratine*, dont provient l'épigraphe en question, a été démolie en 1869 ; son emplacement se trouve compris dans les maisons de la rue Clauzel et du boulevard de la République, entre les rues Bosa et de l'Aigle.

N° 67. Inscription arabe en relief ; six lignes ; écriture barbaresque très-mauvaise et quelquefois informe. Stèle en marbre mesurant 0m17 de largeur sur 0m45 de hauteur (Inédite).

(Indications du livret, page 141). Stèle en marbre portant une sentence funéraire ; caractères en relief. Acheté le 27 janvier 1845.

كل نفس ذائقة الموت

وانها توفون اجوركم

يوم القيامة فمن زحزح

عن النار وادخل الجنة

فـقد فاز وما الحيوة

الدنيا الا متاع الغرور

« Toute âme subira la mort (1). Vous recevrez vos récompenses au jour de la résurrection. Celui qui aura évité le feu et qui entrera dans le paradis, celui-là sera bienheureux, car la vie d'ici-bas n'est qu'une jouissance trompeuse. » (*Coran*, chap. III, verset 182. Traduction de M. de Kasimirski).

N° 68. Pierres tumulaires sans inscription.
(Indications du livret, page 142). Deux djenabia ou parties latérales de sépultures mauresques. Arabesques. Voir le n° 23.)

N° 69. *Inscription arabe en relief ; quatre lignes ; type orien-*

(1) « Mot à mot : *Toute âme goûtera la mort.* Par âme il faut entendre toute âme vivante, tout homme. »

tal, médiocre. Stèle en marbre d'une épaisseur exceptionnelle, avec des arabesques derrière. Largeur : 0m26 ; hauteur (de la partie écrite) : 0m30 (Inédite).

(Indications du livret, page 140). Mchahad d'Ali Ibn Hossaïn, mort en 1229 (1813). Remis par M. Bounevialle, le 11 juillet 1855.)

هذا قبر المرحوم

بكرم الحي القيوم

على ابن الحاج حسين

رحمه الله توفى سنة ١٢٢٩

Ceci est le tombeau de celui auquel il a été fait miséricorde par la bonté du Vivant, du Subsistant,
Ali, fils d'El-Hadj Hossaïn.
Que Dieu lui fasse miséricorde! Il est décédé en l'année 1229.

Il n'y a aucun renseignement historique a recueillir dans cette épitaphe, dont la date est comprise entre le 24 décembre 1813 et le 13 décembre 1814.

No 70. Turban en marbre, sans inscription.

(Indications du livret, page 127). Turban de bache-aga, ayant jadis surmonté un pilastre tumulaire. La forme du turban, qui distingue ici certaines positions sociales, était ordinairement reproduite sur le mchahad.)

No 71. Inscription arabe en relief; en partie fruste; type oriental, médiocre. Stèle en ardoise; largeur : 0m22 ; hauteur (de la partie écrite) : 0m49 (Inédite).

(Indications du livret, page 137). Deux stèles en ardoise appartenant au tombeau d'Ibrahim Oulid el-Khodja du *Pantchek* ou bureau des prises maritimes.)

هذا قبر المرحوم

ابراهيم ولد الخوجة

. . . باع الپانچك

رحمه الله

. . . .

Ceci est le tombeau de celui auquel il a été fait miséricorde,
Ibrahim, enfant du Khodja
(du) Pantchek.
Que Dieu lui fasse miséricorde !

. . . .

Le Khodjet el-Pantchek était le fonctionnaire chargé de li-
quider et de distribuer les captures faites par les corsaires algériens (1). La stèle de tête de cette tombe fait l'objet du numéro
suivant.

Nº 71 *bis*. Inscription arabe en relief; en partie détruite
stèle en ardoise; largeur : 0ᵐ22 ; hauteur (de la partie écrite) :
0ᵐ51. (Voir le nº 71.)

لا اله الا الله

مُحَمّدٌ رَسُولُ الله

وصلى الله عَلَيْه تسليما

. . . .

Il n'y a de dieu que Dieu. Mohammed est le prophète de Dieu.
Que Dieu répande ses grâces sur lui . . . .

Nº 72. Fragment de pierre tumulaire, sans inscription.
(Indications du livret, page 142). Petit fragment de djenabia.)

---

(1) Voir mon *Registre des prises maritimes*.

N° 73. Inscription latine en caractères creux remplis de plomb ; disque en marbre ayant un diamètre de 0m175. (Berbrugger, *livret explicatif*, page 124).

I H S

Jesus hominum Salvator. Ce monogramme du Christ est surmonté d'une croix et placé au-dessus des trois clous de la passion.

Le *livret explicatif* ajoute les renseignements ci-après :

Ce disque a été trouvé dans l'ancien bagne dit *tebaren ben el-ar'a* (tavernes du fils de l'aga) ou *tebaren mtd el-temmakin* (tavernes des bottiers) ; il soutenait la tête d'un squelette. Ce bagne, aujourd'hui occupé par la direction des mines, avait sa chapelle chrétienne sous la domination turque, et comme, dès le XVIe siècle, il y a eu un cimetière chrétien en dehors de Bab-el-Oued, il faut que la sépulture à laquelle appartient notre disque ait été faite avant cette époque ou qu'elle ait été faite clandestinement. Remis en 1855 par le service des Bâtiments civils.

N° 74. Inscription turque en relief ; cinq lignes divisées en deux parties, plus la date ; joli type oriental, bien exécuté. Plaque en marbre mesurant 1m21 sur 0m74 ; la partie écrite a 1m08 de largeur sur 0m69 de hauteur. (M. Albert Devoulx, *Moniteur de l'Algérie* du 21 février 1869. — M. Albert Devoulx, *Alger*).

(Indications du livret, page 134). Inscription en relief datée de 1231 (1815) et mentionnant Omar Pacha. Elle se trouvait dans le vestibule à l'entrée du bordj el-Goumen (à la Marine), lorsque l'amirauté en fit la remise en mai 1855.

واردیا لكنم پك اولیس دیو اولدی الـتزام

حـمد الله اولدی بتـدی شمدیا بـولـدی نظـلام

فی الاصل دطـووب ایله بـر واردیاوكم ارایـتـدی

شمدی شش طوب ایله بر برج اولدی بویله والسلام

بانیسی اولدی فاتحك همشهـرسی عـمـر باشا

دنیالـر طـور دقجـم طـور سون تالی یـوم القیـام

طوبجيلر سزده وارل طوبلوه ايدل اهتمام
خوشنجم لك كوز لك بوليماندرر ساعجيلر
بيك ايكى يوز سال اوتوز برنده اولمش رتمام
علوى نوبت كلدى ايسه دى سنده تاريخنى
سنة ١٢٣١

Je rends ainsi une traduction faite en arabe par feu Mohammed ben Otsman Khodja :

La vigie (ourdia) était devenue excessivement délabrée par vétusté. Et cependant elle était indispensable. ∴ Grâces à Dieu, elle a été refaite et achevée, et a reçu actuellement une organisation.

Primitivement, la vigie ne complait que deux canons, et cependant que d'exploits elle a accomplis ! ∴ Actuellement, elle a été transformée en fort armé de longs canons. C'est ainsi que cela devait être !

Son constructeur est Omar Pacha, compatriote de celui qui l'a conquise. ∴ Puisse-t-il exister tant que durera le monde, jusqu'au jour de la résurrection !

O artilleurs! qui d'entre vous désire se consacrer au service de ces canons, ∴ qui sont les meilleures longues-vues des gens préposés à la surveillance des abords de ce port?

En l'année mil deux cent trente et un a eu lieu l'achèvement. ∴ Mais lorsque sera venu le moment des flammes, dis : c'est en toi que réside sa date.

Année 1231.

Le fort dont provient cette inscription offrait une trentaine de pièces, toutes dirigées vers la mer, et était bâti sur la partie du quai revenant vers la ville dans la direction E. O. On l'appelait en dernier lieu *bordj el-Goumen*, le fort des câbles, parce que la corderie de la marine en occupait le rez-de-chaussée ; sa partie inférieure est actuellement affectée au magasin général de la marine. Son emplacement borda pendant quelque temps le côté occidental de la passe du port, mais dès le commencement du XVIIIe siècle, on prolongea la série des fortifications en bâtissant un autre et dernier ouvrage plus à l'ouest.

L'expression de la langue franque *ouardia* (garde, vigie), employée dans cette inscription, indique clairement que le fort d'Omar Pacha a été bâti sur l'emplacement même de cette petite tour dont parle le père Dan, en 1634, s'élevant « à l'entrée du port, vers le bout du môle, où l'on faisait la garde, et où, pour l'adresse des navigateurs, on mettait quelquefois, de nuict, un grand fanal ; laquelle était gardée par huit Maures qui faisaient la sentinelle le long du môle, et par une douzaine d'autres qui étaient à l'entrée dans un bateau. » Seulement, il est incontestable que le fort de 1815 remplaça un ouvrage qui avait lui-même succédé à la tour mentionnée en 1634.

L'année hégirienne 1231, indiquée ci-dessus, a commencé le 3 décembre 1815 et fini le 20 novembre 1816.

N° 75. Inscription arabe en deux lignes, divisées chacune en quatre cartouches formés par des arabesques; creux remplis de plomb ; bon type oriental, bien exécuté. Plaque en marbre ayant 2^m36 de largeur, 0^m33 de hauteur et 0^m105 d'épaisseur. (M. Albert Devoulx, *les Édifices religieux de l'ancien Alger*, chap. LII, page 165. — M. Albert Devoulx, *Alger*).

(*Indications du livret*, page 134). Inscription turque (1) datée de 1207 (2) (1794), et mentionnant Hassan Pacha. Provient de la mosquée de Ketchawa, aujourd'hui la cathédrale. Remis le 19 juillet 1855 en même temps que les n°s 76 et 77.

حبّذا جامع يرام بالمنا من مبلغ القصد ٭ وتبتسم بروق الختام من
افق العهد ٭ بناه سلطاننا الرضى عظيم القدر ٭ حسن پاشا
بالبهاء عديم المثل والتّد ٭

_____

(1) Cette inscription est arabe et non turque. — A. D.
(2) Il faudrait 1209. C'est évidemment une erreur typographique, car la concordance indiquée par Berbrugger (1794) s'applique bien à l'année 1209 et non à 1207. — A. D.

قد افنى لتشييد اساسها (اساسه) على التقى ٭ يـُـقـْـل فخاره من
مال نجـل من العـد ٭ وحاز بهجة لدى الناظرين وزخ ٭ لـمّـا
كملت كالسعد وباليمن والمجد سنة ٢٠٩ ١

Je traduis ainsi :

Quelle belle mosquée ! Elle est recherchée par les désirs avec un empressement extrême .·. Les splendeurs de son achèvement ont souri sur l'horizon du siècle .·. Elle a été construite par notre sultan agréable, à la puissance immense .·. Hassan Pacha, avec une beauté sans égale et sans pareille. .·.

Il a employé pour élever ses fondations sur la piété .·. tout le poids de son illustration, au moyen d'une somme qui dépasse l'énumération .·. Elle est revêtue de la gaieté aux yeux de ceux qui la regardent. Elle est datée (par le nombre renfermé dans ces mots) : .·. Lorsque j'ai été achevée comme le bonheur, dans la prospérité et dans la gloire. Année 1209.

Le chronogramme indiqué dans la dernière ligne est exact. Il a été établi d'après l'abadjed barbaresque, qui diffère un peu du système oriental, plus particulièrement adopté pour les inscriptions turques. L'année hégirienne 1209 a commencé le 29 juillet 1794 et fini le 17 juillet 1795.

En ce qui concerne la mosquée *Ketchawa*, dont provient cette inscription, je ne puis que renvoyer au chapitre LII, page 165, de mes *Édifices religieux de l'ancien Alger*.

No 76. Inscription arabe en une seule ligne, divisée en trois cartouches; caractères creux remplis de plomb; beau type oriental, bien exécuté. Plaque en marbre ayant 2^m35 de largeur, 0^m33 de hauteur et 0^m08 d'épaisseur. (M. Albert Devoulx, *Alger*).

(*Indications du livret*, page 142). Inscription arabe en plomb. Voir le n° 75.

قال الله تبارك وتعالى فى كلامه القديم ٭ بسم الله الرحمن الرحيم ٭
ان الصلوة كانت على المؤمنين كتابًا موقوتًا

5 ٭

Dieu (qu'il soit béni et exalté !) a dit, dans son discours éternel (1) : .·. Au nom de Dieu clément et miséricordieux ! .·. La prière est pour les croyants une prescription divine dont les moments sont déterminés (2).

Le dernier cartouche contient la fin du verset 104 du chapitre IV du Coran, qui rappelle aux musulmans que la prière est d'obligation divine et qu'elle doit se faire exactement à des moments déterminés de la journée. Ces oraisons obligatoires sont au nombre de cinq et prennent le nom du moment où elles s'accomplissent. La première est celle de الفجر (el-fedjer, l'aurore), qui se dit au point du jour, lorsqu'il fait assez clair pour qu'on puisse distinguer les objets. A midi, le drapeau blanc (علم) est hissé au mât de chacune des mosquées à minaret ; un quart-d'heure après commence, pour finir à une heure, le délai accordé aux fidèles pour la prière de الظهر (eddohr, usuellement eddehour, midi, heure de midi) ou de الزوال (ezzawal, déclin du soleil, à partir de midi). De deux heures et demie à quatre heures, suivant la saison (3), on procède à la prière de العصر (el-asr, cette partie du jour où le soleil est visiblement sur le déclin ; l'après-midi jusqu'au coucher du soleil). L'avant-dernière prière a lieu au coucher du soleil (المغرب, el-mor'reb), et la dernière au moment dit العشاء (entrée de la nuit), soit une heure et demie après la précédente (4).

L'inscription dont je m'occupe provient de la mosquée dite

_____

(1) Le Coran. L'adjectif القديم, l'ancien, l'éternel, est appliqué à Dieu et par extension à ses révélations.

(2) Dans la première édition de sa traduction du Coran, M. de Kasimirski rend ainsi ce passage : « La prière est prescrite aux croyants dans les heures marquées. » Dans la seconde édition, il modifie sa traduction de la manière suivante : « La prière est pour les croyants une obligation attachée à des heures fixes. »

(3) Le moment précis est indiqué dans des tables dont chaque mosquée possède un exemplaire.

(4) Pendant le jeûne observé durant le mois de Ramadan, il est accordé un quart-d'heure de plus pour cette dernière prière, afin qu'on ait le temps de terminer le repas.

djama Ketchawa, sur laquelle on trouvera des renseignements au chapitre LII, page 164, de mes *Édifices religieux de l'ancien Alger*.

N° 77. Inscription latine, incomplète; la partie supérieure manque; dix lignes; caractères en relief; mauvaise exécution. Plaque en marbre mesurant 0ᵐ26 de largeur sur 0ᵐ49 de hauteur. (Berbrugger, *livret explicatif*, page 125).

. . . .
Omnibus
CHARUS
OBIIT
POStRIdIE
CALENDAS
FEB
Æ tatis suæ
ANNO 310 (1)
D n I
J 7 6 4

D'après les indications du *livret*, cette épitaphe provient du cimetière chrétien, dit *des Consuls,* lequel était établi sur le bord de la mer, à environ 600 mètres de la porte Bab-el-Oued.

N° 78. Inscription arabe en sept lignes; caractères creux jadis remplis de plomb, mais aujourd'hui vides; type barbaresque, mauvais; mauvaise exécution. Plaque en marbre mesurant 0ᵐ51 de largeur sur 0ᵐ52 de hauteur. (M. Albert Devoulx, *Alger*).

(Indications du livret, page 130). Inscription à lettres en plomb ; mention d'Ismaïl Pacha et d'El-Hadj Ali aga, avec date dans un chronogramme. Remis le 25 juillet 1855 par le Génie.)

---

(1) « Il est évident que le zéro qui termine cette ligne doit être plus petit et placé à côté et au-dessus de la lettre voisine, car on a voulu dire que le défunt était mort dans sa trente et unième année. » (Note de Berbrugger).

الحمد لله فاتح الاغلاق وباسط الارزاق

والصلاة على من ركب البراق محمد الراقي للسبع الطباق

اقيم بناء المخزن الوفور لحفظ الزرع للعسكر المنصور

في ولاية الامير ابي الوفاء مولانا اسماعيل باشا

باذن الواقف على مصالح البلاد والعباد الحاج

على اغا صانه الملك الجواد على بد

... اهيم بن موسى بتاريخ الحى الغني

Louange à Dieu, qui ouvre les fermetures et qui dispense gé-
néreusement la subsistance.

Que la grâce divine soit sur celui qui a eu pour monture *el-
Borak* (1), Mohammed, qui a gravi les sept voûtes célestes.

A été élevée la construction du magasin, toujours rempli, pour
la conservation des grains destinés aux troupes victorieuses,

Sous le règne du prince doué de la perfection, notre maître
Ismaïl pacha,

Sur l'ordre de celui qui est chargé des intérêts du pays et des
habitants, El-Hadj

Ali ar'a, que le garde le Souverain généreux (Dieu), par les
soins

(d'Ibr)ahim, fils de Moussa, à la date (contenue dans ces mots) :
le Vivant, le Dispensateur de la richesse (Dieu).

En additionnant, d'après le système barbaresque, les deux attributs de Dieu qui terminent cette inscription, j'arrive à un
total de 1080, millésime d'une année hégirienne dans laquelle
on trouve bien le pacha Ismaïl et le hadj Ali, ar'a ou chef élu

---

(1) *El-Borak*, être fantastique dont il est question dans le Coran, et
qui, selon les mahométans, a servi de monture à Mahomet dans son
voyage imaginaire de la Mecque à Jérusalem, et ensuite à travers les
cieux jusqu'au trône de Dieu, dans la nuit du voyage nocturne connue
sous le nom de ليلة المعراج. (Voir le *Dictionnaire* de M. de Kasimirski).

par la milice pour la commander, à l'exclusion du pacha envoyé par la Sublime-Porte, réduit dès lors à un rôle passif. Il devient donc certain que l'épigraphe dont je m'occupe a été rédigée en l'année 1080 de l'hégire, qui a commencé le 1er juin 1669 et fini le 20 mai 1670.

Le magasin que mentionne cette inscription était établi dans les dépendances de la Jénina, sises entre cet ancien palais des pachas et la rue Jénina. Il a été démoli en 1854.

Nº 79. Inscription turque en quatre lignes; d'une lecture très-difficile à cause de son mauvais état (semble avoir été soumise à un violent frottement qui a effacé ou altéré un grand nombre de lettres); caractères creux remplis de plomb; type oriental, mauvais; plaque en marbre mesurant 0m31 de largeur sur 0m30 de hauteur (Inédite).

(Indications du livret, page 140. Inscription à caractères en plomb, datée de 1178 (1764). Donné le 2 août 1855, par M. Lichtlin, directeur de la Banque.)

بطر ايدوب ملى پاشا كهاليله بوثناى
فكرايدوب مالنده نجاتيله هم بقاى
رجا ايدر درونندن خلوصله ثناى
خدا راضى اجابوله فردوس اعلاى

(1) ١١٧٨

Je traduis ainsi d'après feu Mohammed ben Otsman Khodja :

Ali pacha ayant profondément médité sur ce monde périssable

et examiné comment il pourrait consacrer ses richesses à son salut (reconnut), que ce serait en les affectant à des œuvres durables.

----

(1) Cette date est placée, en réalité, entre la 2e et la 3e ligne.

Il espère, au fond de son cœur, obtenir des éloges sincères.

Que Dieu soit satisfait de lui et le place dans le paradis le plus élevé. 1178.

L'année hégirienne indiquée ci-dessus a commencé le 1er juillet 1764 et fini le 19 juin 1765. Je n'ai pu reconnaître de quel édifice provient cette inscription. On pourrait supposer qu'elle a appartenu à une fontaine, parce qu'elle est presque semblable à celle de la fontaine de l'Amirauté, à la Marine, laquelle renferme pourtant une ligne de plus qui explique clairement de quoi il s'agit.

N° 80. Inscription arabe en trois lignes ; mauvais style et mauvaise orthographe ; caractères creux remplis de plomb ; type barbaresque très-mauvais ; très-mauvaise exécution. Plaque en marbre mesurant 0ᵐ83 de largeur sur 0ᵐ22 de hauteur. (M. Albert Devoulx, *Alger*.)

(*Indications du livret*, page 139. Inscription à caractères en plomb, provenant de l'ancienne caserne Kharratin (Trésor et Postes), datée de 1125 (1713) et relative à l'embellissement d'une chambre de janissaires. Remis le 1er octobre 1855, par M. Sarrus, inspecteur des bâtiments civils.)

تم هذا البناء بعون الخلاق غفر الله لمن بنى بنى المدينب(؟) الغراق(؟)

هو المحمـد(sic) بن الحسن الخزنجى(sic) لعلى باشا وسَعَدَ الله الرزاق

تاريخها خمسة وعشرون ومائة والف في شهر رجب كيلها بحسن وصف

A été achevée la construction avec l'assistance du Créateur. Que Dieu accorde le pardon à celui qui a construit, le profond pêcheur (?)

Embhammed fils d'El-Haçan, le kheznadji d'Ali pacha, que Dieu, dispensateur des richesses, le comble d'abondance.

Sa date est mil cent vingt-cinq, dans le mois de redjeb. Il l'a achevée en lui donnant la plus belle forme.

La date indiquée est comprise entre le 24 juillet et le 22 août 1713. La caserne d'*El-Kherratin*, dont provient cette inscription, avait son entrée dans la rue Bab-Azoun, et a été successivement affectée à un hôpital militaire, à un hôpital civil et au service du Trésor et de la Poste. Son emplacement est actuellement compris dans les maisons de la rue Clauzel et du Boulevard de la République, entre les rues Bosa et de l'Aigle.

Nº 81. Inscription arabe en deux lignes, formant chacune trois cartouches ; caractères creux remplis de plomb ; bon type oriental ; détériorations causées par l'encastrement de la plaque dans une cheminée. Plaque en marbre mesurant 1ᵐ43 de largeur sur 0ᵐ34 de hauteur. (M. Albert Devoulx, *Edifices religieux de l'ancien Alger*, chapitre LII, page 166. — M. Albert Devoulx, *Alger*.)

(Indications du livret, page 138. Fragment d'inscription qui paraît provenir de Djama Sida et qui figurait avec d'autres marbres dans une cheminée du palais du Gouvernement. Caractères en plomb.)

حبّذا اثار جليل مشيدا ٭ ونعم الخير قـد (ابنى) مؤبـدا ٭ اميرُنا
صاحب الفضل حسن پاشا

اتـقـن بـتصويب قبـلـتـه مسددا ٭ لحديث قيل ان فى الجنة
بيـتـا ٭ نالـها من لله تعالى بنى مسجدا

Quel beau monument (1) ! Il est vaste et a été élevé à une grande hauteur. . ·. Il est le plus beau bienfait. Il a été bâti (de manière à durer) perpétuellement. . ·. Notre prince, doué de la supériorité, Hassan pacha

a construit habilement sa kibla (2), en l'orientant exactement

---

(1) Ce mot s'applique surtout aux monuments des temps passés. Il faut remarquer en outre qu'il est au pluriel et que cependant tous les mots qui s'y rapportent sont au singulier.

(2) Point de l'horizon vers lequel les musulmans doivent se tourner en faisant leurs prières ; c'est la direction de la Mecque. Dans les mosquées, ce point est indiqué par le mihrab ou niche, où se place l'imam.

de manière à mériter les éloges, .·. à cause d'un récit tradi-
tionnel, dans lequel il est rapporté qu'au Paradis est une demeure .·. qu'obtient celui qui à Dieu (qu'il soit exalté!) a bâti
une mosquée.

J'ai déjà établi dans mes *Edifices religieux de l'ancien Alger*
(chapitre LII) que cette inscription provenait évidemment de
Djama Ketchawa, mosquée aujourd'hui remplacée par la Cathédrale. Je ne puis donc que renvoyer à cet ouvrage.

No 82. Colonne en marbre, sans aucune inscription, et présentant les dimensions ci-après : fut et base, 1m22 ; chapiteau, 0m31 ;
total 1m53.

(*Indications du livret*, page 127. Colonne monolithe, ionique avec
chapiteau et base. Provenant de la Jenina, troisième étage ; dans la
menza ou chambre de terrasse placée à l'Est. Remis le 12 juin 1856,
par le service des Bâtiments civils).

No 83. Inscription en caractères hébraïques ; creusés ; plaque
mesurant 0m28 sur 0m28.

(*Indications du livret*, page 141. Epitaphe hébraïque, caractères
creux, du jeune David, fils de Simon Machetou, datée de 5599.
Trouvé en 1857, dans les déblais de la rue de la Lyre, impasse des
Caravanes, et donné par M. Serpolet, architecte-voyer).

Etant incompétent pour publier le texte et la traduction de
cette épitaphe, d'ailleurs sans importance, je me borne à donner
les renseignements qui précèdent.

No 84. Inscription turque en quatre lignes ; caractères creux
remplis de plomb ; type oriental, bon. Plaque en marbre mesurant 0m79 de largeur sur 0m485 de hauteur. (M. Albert Devoulx,
Alger).

(*Indications du livret*, page 127. Frise de la grande porte du palais
de la Jenina, relative à la pose d'une porte en marbre en 1227 (1842),
par ordre d'Ali pacha. Remis par M. Philippe Picon).

صاحب صدرات على پاشای ممجّد * ايده عون خدا دايم مزايد
ايدوب همت عالى بذل قدرت * بوباب دولتى قلدى مجّد
اچلد تجه قبا نس عين اعداء * بحق حامد مولاه محمود احمد
ديسوق، ناطر اولنلرما شاء الله * زهى دركاه عالى مشيّد ١٢٢٧

Je traduis ainsi, d'après feu Mohammed ben Otsman Khodja :

Que le dépositaire de l'autorité, Ali pacha, objet des éloges, .·. soit à jamais favorisé de l'assistance de Dieu !

Par son éminente sollicitude et la manifestation de son pouvoir, .·. a eu lieu le renouvellement de la porte (du palais du) gouvernement et (a été assurée) sa durée.

Nous demandons au moment où elle est ouverte, que les yeux des ennemis soient fermés, .·. par les mérites de celui qui glorifie son maître (Dieu), Mahmoud Ahmed (1).

O vous qui regardez, dites : *ce que Dieu a voulu !* .·. (2) C'est un lieu élevé, merveilleux, solide. 1227.

L'année hégirienne 1227 a commencé le 16 janvier 1812 et fini le 3 janvier 1813. Au nº 37 du présent travail, on a déjà trouvé une inscription arabe constatant qu'en 1042 (1632-1633), la porte du palais avait été refaite une première fois. La seconde reconstruction, dont il est question dans l'inscription ci-dessus, est en outre rappelée dans la note ci-après, consignée sur un registre du beylik et donnant une date précise : « L'an mil deux cent vingt-sept, le dixième jour du mois de redjeb, sous le règne de l'éminent El-Hadj Ali pacha, la porte du palais a été reconstruite en marbre magnifique. Puisse Dieu bénir ce changement ! »

La date indiquée par cette note correspond au 20 juillet 1812.

(1) Ce sont deux des noms du prophète. Il s'agit donc de Mahomet qui porte plus particulièrement le nom de Mahmoud dans les cieux.

(1) *Quelle chose Dieu a voulu !* C'est une formule par laquelle on manifeste son admiration.

No 85. Colonne en onyx calcaire ; mesurant 2m85 de hauteur et 1m50 de circonférence ; aucune inscription.

(Indications du livret, page 139. Colonne en onyx calcaire des carrières d'Aïn Tekbalet, près de l'Isser (route d'Oran à Tlemcen), avec son chapiteau dans le style arabe. Envoyé de Tlemcen, en 1858, par les soins de M. Charles Brosselard, alors commissaire civil, et d'après les instructions de M. Majorel, préfet d'Oran).

No 86. Inscription arabe en sept lignes ; caractères creusés, mais non destinés à être remplis de plomb ; traces de peinture rouge ; type barbaresque, mauvais. Plaque de marbre mesurant 0m23 de largeur sur 0m325 de hauteur. (M. Albert Devoulx, les *Edifices religieux de l'ancien Alger*, chapitre LXXXI, page 220. — M. Albert Devoulx, *Alger*).

(Indications du livret, page 137. Inscription provenant de la mosquée démolie *Sidi Hedi* ou *Tiber'roten* (les puces). Petite tablette de marbre blanc, sur laquelle on lit le nom de Mami raïs. La date est indéchiffrable).

الحمد لله وحده ،

هـٰذا الجامع الا

عظم من أمر ببنيا

نـه مـام (1) رأيس حين

قدم وفاته قصد

بـه وجه الله العظيم

عـام ٠اح وماية

Louange à Dieu, unique. Celui qui a ordonné la construction de cette mosquée très-grande, est Mami raïs (2), lorsque le moment de sa mort fut venu. Il s'est proposé en cela de plaire à Dieu, l'incommensurable. Année....

___

(1) Il faudrait مامى.

(2) Capitaine de navire.

Cette inscription présente entre la 2e et la 3e lignes et la 3e et 4e lignes des enjambements assez rares en épigraphie arabe. La date a beaucoup exercé les amateurs de curiosités épigraphiques, mais aucun d'eux n'a pu trouver la solution du problème. C'est en vain que j'ai fait un appel à tous les indigènes versés dans la science des chronogrammes ; personne n'a pu déchiffrer cette date énigmatique ; comme il s'agit d'une rareté historique, je vais répéter ce que j'ai dit ailleurs (1), et rappeler qu'à défaut de solution indiscutable, j'ai présenté, sous toutes réserves et à titre de simple hypothèse, une version que m'a suggérée l'examen attentif du mystérieux texte.

La manière la plus habituelle d'employer pour la rédaction des chronogrammes, les caractères de l'alphabet arabe, d'après la valeur numérale qui leur est attribuée, consiste à former un ou plusieurs mots plus ou moins en harmonie avec la circonstance, et dont les lettres étant additionnées donnent un total égal à la date qu'on veut déguiser. Mais ici cette méthode n'a pas été suivie. En allant de droite à gauche, nous trouvons d'abord un zéro, c'est-à-dire un chiffre, puis un ١ dont la valeur numérale est 1, ensuite un ح valant 8, et, enfin, un adjectif numéral précédé d'une conjonction : et cent. Trois systèmes ont donc été combinés et employés concurremment pour rendre plus obscure la date de l'inscription, bien que ce fut, à coup sûr, le renseignement qui méritât le plus de clarté. La combinaison a été si heureuse qu'aujourd'hui les plus expérimentés se déclarent impuissants à deviner l'intention de l'auteur.

Il me semble que dans le cas qui nous occupe, les lettres numérales sont placées dans l'ordre indiqué par l'arithmétique pour la formation des nombres. Le zéro tiendrait donc la place des unités simples ; le ١ ou 1, serait placé dans la colonne des dizaines, et le ح ou 8, occuperait le rang des centaines. La date proposée devrait donc être lue comme il suit :

ح (8) ١ (1) · (0) et cent. Soit : 810 et cent.

---

(1) *Edifices religieux de l'ancien Alger*, page 221.

On pourrait en conclure, à mon avis, que l'année cherchée est 810 plus 100, c'est-à-dire 910, ce qui nous reporterait à l'année 1505 de l'ère chrétienne et à une époque antérieure de 11 ans à l'établissement de la domination ottomane en Algérie. La présence à Alger, antérieurement à l'arrivée des Barberousse, d'un corsaire turc, — ou renégat, car le nom de Mami était choisi volontiers par les apostats, — n'aurait rien d'étonnant, attendu que cette ville était alors le refuge de forbans de toute origine, dont les déprédations forcèrent les Espagnols à bâtir, sur un îlot sis à 200 mètres de la ville, la fameuse forteresse connue sous le nom d'*El-Penon*. Telle est l'explication que je crois pouvoir donner d'une date formulée d'après un mode inconnu et qui est resté sans imitation, comme il était sans doute sans précédent.

D'après le livret, cette inscription provient de la petite mosquée dite *Mesdjed Tiber R'outin*, laquelle fait l'objet du chapitre LXXXI, § 2e, page 220, de mes *Edifices religieux de l'ancien Alger*.

Nº 87 (et dernier du livret). Inscription arabe en trois lignes; caractères creux remplis de plomb; type oriental; assez bon; encadrement de carreaux en faïence bleue, dans lesquels sont écrits en blanc quelques mots et notamment : بشر يا فتى أن, الصبر سلامة, annonce la bonne nouvelle, ô homme généreux et brave, que la patience est le salut. Largeur totale : 0m92 ; hauteur totale : 0m76 ; la partie écrite mesure 0m63 de largeur sur 0m49 de hauteur. (M. Albert Devoulx, les *Edifices religieux de l'ancien Alger*, chapitre XC, page 234. — M. Albert Devoulx, *Alger*).

(Indications du livret, page 135. Inscription à caractères en plomb, provenant de la mosquée extérieure de la Casbah. Elle est datée de 1233 (1817) et entourée d'une bordure en briques émaillées de couleur bleue et couvertes d'inscriptions religieuses en caractères blancs. Remis par M. l'abbé Landmann, curé de la Casbah).

صاحب الخيرات والحسنات ٭ السيد حسين باشا رفعه الله أعلى الدرجات

المتمسك بقول من له اللواء والشفاعة * من بنى لله مسجدا

بنى الله له ‏ في الجنة بيتا

سنة ثلاث وثلاثين ومائين (١) وألف * من بعد هجرة من له

الفخر والشرف سنة ١٢٣٣

L'auteur des bienfaits et des bonnes œuvres .٠. (est) le Seigneur Hossaïn Pacha, que Dieu l'élève jusqu'au plus haut des degrés (de la béatitude),

lequel se conforme avec foi à cette parole de Celui qui a l'étendard et l'intercession (2). .٠. « Quiconque bâtira à Dieu une mosquée, Dieu lui bâtira, dans le Paradis, une demeure. »

Année mil deux cent trente-trois, .٠. après l'émigration (hégire) de celui qui a l'illustration et la noblesse.

Année 1233.

L'année hégirienne 1233 a commencé le 11 novembre 1817 et fini le 30 octobre 1818. Cette inscription provient de la mosquée extérieure de la Casbah, aujourd'hui église Ste-Croix, laquelle fait l'objet du chapitre xc, § 1er, page 234, de mes *Edifices religieux de l'ancien Alger*.

No 88 (3). Inscription arabe en relief ; incomplète ; cinq lignes ;

---

(1) Il faudrait مايتين.

(2) C'est-à-dire le prophète Mohamed qui tient l'*étendard* de l'Islamisme et auquel appartient la mission d'*intercéder* auprès de Dieu en faveur des hommes.

(3) Le livret explicatif, publié par Berbrugger, en 1861, s'arrête au n° 87. Quant au catalogue manuscrit il n'a pas été retrouvé. La perte de ce document important a eu un résultat bien regrettable : c'est d'anéantir, sans qu'on ait l'espérance de les remplacer, les renseignements que Berbrugger avait dû recueillir sur la provenance des inscriptions. Les nos d'ordre que j'indique sont ceux du nouveau catalogue dressé par M. Mac-Carthy, document auquel je n'ai emprunté aucun des renseignements que je donne.

type barbaresque, médiocre. Fragment de stèle en marbre ; largeur : 0ᵐ21 ; hauteur : 0ᵐ265 ; épaisseur ; 0ᵐ055 ; bordure composée d'un chapelet d'oves ayant chacune la forme d'un œuf tronqué à ses extrémités ; au revers, ornementation sculptée, ayant pour motifs des fleurs ; avait été utilisé, comme moellon, dans la construction d'un mur, dans une campagne sise à la Bouzaréa, près d'Alger ; donné par une israélite à M. Serpolet fils, alors architecte-voyer, qui en a fait cadeau au Musée, en 1865. (Berbrugger, *Revue africaine*, tome 9, page 122).

. . . .

مدينة وهران صباح الجمعة

في ستة وعشرين

من شوال سنة ١١١٩ وتو

في يوم السبت في

تسعة عش . . . من سنة ١١٢٢

. . . .

la ville d'Oran, dans la matinée du vendredi vingt-six choual de l'année 1119, et il est décédé le samedi, dix-neuf ...... de l'année 1122.

Le 26 choual 1119 correspond au 20 janvier 1708, et l'année 1122 a commencé le 2 mars 1710 et fini le 18 février 1711. Berbrugger a établi avec beaucoup de solidité (*Revue africaine*, tome 9, page 122) que cette épitaphe devait être celle d'Ouzoun Hassan, général de l'armée algérienne qui enleva Oran aux Espagnols, le 20 janvier 1708. Je ne puis que renvoyer le lecteur à cet intéressant travail.

No 89. Inscription arabe en relief ; sept lignes ; enjambement entre la 2e et la 3e lignes ; mauvais type barbaresque. Fragment de stèle en marbre, mesurant 0ᵐ13 de largeur sur 0ᵐ20 de hauteur ; servait d'obturateur à un conduit, dans une campagne sise

a la Bouzaréa, près d'Alger ; a été donné par une israélite à
M. Serpolet fils, architecte, qui en a fait cadeau au Musée, en
1865 (1). (Inédite).

هـذا

قبر المر

حوم

مصطفى

بن رجب

رحمه

الله

Ceci est le tombeau de celui auquel il a été fait miséricorde,
Mustapha fils de Redjeb. Que Dieu lui fasse miséricorde !

Aucun intérêt de s'attache à cette épitaphe d'un particulier
entièrement inconnu.

No 90. Inscription arabe en relief; plusieurs lignes enchevêtrées qu'on ne saurait reproduire qu'au moyen d'un fac-simile ;
type oriental, mauvais. Plaque en marbre mesurant 0m37 sur
Cm37; donnée au Musée par M. le sous-lieutenant baron Henry
Aucapitaine. (Inédite).

الحمد لله كمّل بناء هذا المسجد المبارك المكرم لاجل ابو الرضى

خليل ابن محمد كان الله له وذلك بتاريخ اواسط شعبان من عام

سبعة وعشرين وماية والف ١١٢٧

Louange à Dieu ! A fait achever la construction de cette mos-

---

quée bénie, l'honorable, le très-considérable, l'agréable Khelil, fils de Mohammed, que Dieu lui soit en aide. Et cela à la date du milieu de chaban de l'année mil cent vingt-sept. 1127.

La date indiquée ci-dessus est comprise entre le 12 et le 21 août 1715. Dans une note placée à la page 289 du tome 9 de la *Revue africaine* (juillet 1865), Berbrugger fait connaître que cette inscription provient de la grande mosquée de Médéa et que le Musée la possède grâce au zèle éclairé de M. le sous-lieutenant baron Henry Aucapitaine.

N° 91. Inscription arabe en relief; quatre lignes ayant la même terminaison ; bon type oriental. Plaque en marbre mesurant 0m48 de largeur sur 0m39 de hauteur (Inédite).

اللهم تقبل من عبيدك حسن باى بن خليل ما متنت به عليه

من بناء هذا المسجد واجعله له عدة لها بين يديه

رحم الله عبدا قال امين كلما رفع نظره اليه

لسنة ١٢١٣ من هجرة المصطفى صلّ اللهم وسلّم عليه

O Dieu, accepte de ton infime adorateur, Hassan Bey, fils de Khelil, la construction de cette mosquée, qu'il doit à tes bienfaits, et fais qu'elle augmente la quantité de ce qu'il aura entre les mains (1). Que Dieu fasse miséricorde à tout homme qui dira *amen!* chaque fois qu'il portera ses regards sur cet édifice. En l'année 1213 de l'émigration de l'Élu (2) ; répands tes grâces sur lui, ô Dieu, et accorde-lui le salut!

L'année 1213 a commencé le 15 juin 1798 et fini le 4 juin 1799. Il résulte d'une note mise par Berbrugger à la page 289 du tome ix de la *Revue africaine* (juillet 1865), que cette inscription provient de la mosquée appelée *djama el-Ahmar*, sise à Médéa, et

(1) C'est-à-dire : fais que cette fondation augmente le nombre des bonnes œuvres qu'il aura à invoquer le jour où il se présentera pour être jugé par toi.

(2) Mahomet.

que le Musée en doit la possession au zèle éclairé de M. le sous-
lieutenant baron Henri Aucapitaine.

Cette inscription permet de constater que MM. Federmann et
Aucapitaine ont commis une grave erreur chronologique dans
les *Notices sur l'histoire et l'administration du beylik de Titeri*,
qu'a publiées la *Revue africaine* (t. IX, p. 280). Citons d'abord le
texte incriminé : « Mohammed Frira, surnommé *Ed-Debbah* ou
l'égorgeur, fut choisi par le pacha pour succéder à Ouznadji...
Mohammed administra le Titeri pendant cinq années, de 1794 à
1799, époque à laquelle il fut tué... Ibrahim Tremçani (?) remplaça le bey Ed-Debbah et conserva le pouvoir jusqu'en 1801.
Le bey Hassan occupa alors le gouvernement de Titeri .. C'est
le bey Hassan qui a fait construire à Médéa la mosquée appelée
djamaa el-Akmar, dont on voit encore aujourd'hui le minaret
près de la porte des jardins (1)... »

Il résulte clairement de cette narration que Hassan fut nommé
bey de Titeri en 1801, en remplacement d'Ibrahim, qui avait
succédé à Mohammed Frira en 1799, et que c'est pendant son
commandement qu'il fit construire la mosquée dont l'inscription
figure actuellement sous le n° 97 du Musée d'Alger. Or, cette
épigraphe établit que le bey Hassan ben Khelil fit bâtir la mosquée en 1213, soit du 15 juin 1798 au 4 juin 1799. L'erreur
chronologique commise par MM. Federmann et Aucapitaine est
d'autant plus singulière, que ce dernier avait à sa disposition
l'inscription de 1213 — puisque c'est lui qui l'a fait parvenir au
Musée, — et qu'il n'a pas su reconnaître qu'elle donnait un dé-
menti formel à la date assignée par lui et son collaborateur à la
nomination de Hassan au beylik de Titeri. En présence d'un
document dont l'authenticité ne saurait être mise en doute, il
devient certain que cette nomination remonte au moins à l'année
1213 (1798-1799.(

N° 92. Inscription arabe en relief ; type oriental, assez bon ;

---

(1) C'est ici que se place la note de Berbrugger dont j'ai parlé à
l'alinéa précédent, et qui rappelle que M. Aucapitaine a fait remettre
au Musée l'inscription de la mosquée dont il s'agit.

quatre lignes, divisées chacune en deux parties qui riment entr'elles ; date en chiffres placée au centre ; construction irrégu-
lière de la première partie de la deuxième ligne : le mot qui la
termine devrait être logiquement placé au commencement de la
phrase, et n'a été rejeté à la fin qu'à cause des exigences de la
rime ; détériorations évidemment causées par les débordements
de l'Harrach. Plaque en marbre mesurant 0m93 de largeur sur
0m62 de hauteur ; remise au Musée le 15 mai 1868. (Berbrugger,
Algérie historique. pittoresque et monumentale, t. 1er, p. 54.
Paris, Delahaye, 1843. — M. Albert Devoulx, *Alger*).

تم (1) بناؤنا البديع الباهى ٭ عن اذن بانيه لوجه اللهى

به ابراهيم پاشا بن رمضان امر ٭ فصار (2) قنطرة لنا كما نرى

١١٤٩

جعل الله سعيه سعيا مشكورا ٭ وجزاؤه جزاء موفورا

سنة تسعة (3) واربعين وماية والف ٭ من هجرة من له العز والشرف

Je traduis ainsi :

A été achevée notre construction merveilleuse, magnifique, ∴

---

(1) Les deux premières lignes de la publication faite par Berbrugger
contiennent une erreur typographique qui en rendent le sens obscur. La
première ligne commence par un ت et la seconde par un ب ; le
compositeur, en plaçant mal les points diacritiques de ces deux lettres,
a transporté le ب à la première ligne et le ت à la seconde, ce qui
produit les deux mots بم et تَه, au lieu de تم et به, et n'offre aucun
sens.

(2) Berbrugger lit فصا. Cependant le ر, placé au-dessus du ص, est
parfaitement lisible.

(3) Le texte porte bien تسعة et non تسعا comme l'indique Berbrugger.

avec l'autorisation de celui qui l'a fait élever pour plaire à
Dieu.

A son sujet, Ibrahim Pacha, fils de Ramdan, a donné des
ordres, ∴ et elle est devenue un pont pour nous, comme tu
vois.

1149.

Fasse Dieu que son œuvre soit une œuvre comblée d'éloges,
∴ et sa récompense une récompense abondante.

Année mil cent quarante-neuf ∴ de l'émigration de celui qui
a la puissance et la noblesse (1).

L'année 1149 a commencé le 12 mai 1736 et fini le 30 avril
1737. Cette inscription était placée, du côté d'amont, dans le
parapet du pont bâti sur l'Harrach, non loin de son embouchure.
On trouvera quelques renseignements sur ce pont à la page 230
du tome XII de la *Revue africaine*.

N° 93. Inscription arabe en relief ; quatre lignes ; incomplète ;
type barbaresque, mauvais. Partie supérieure d'une stèle en
marbre ; largeur : 0m20, hauteur : 0m27 (Inédite).

هذا قبر

المرحومة بكرم

اللّٰه تعلم (sic) فطمة (sic) بنت

القايد علي رحمه (sic) . . . .

Ceci est le tombeau de celle à qui il a été fait miséricorde par
la bonté de Dieu, qu'il soit exalté, Fatma, fille du caïd Ali, lui
fasse miséricorde. . . . .

---

(1) Mahomet.

Cette épitaphe, qui renferme trois fautes d'orthographe, n'offre aucun intérêt historique.

No 94. Inscription arabe en relief ; cinq lignes ; type oriental, très-mauvais. Stèle en ardoise ; largeur : 0m29 ; hauteur (de la partie écrite) : 0m53 (Inédite(.

هذا قبر البر (١)

المرحوم بكرم الحى القيوم

محمد بن مصطفى

رحمة الله عليهما

سنة ١٢٣٤

Ceci est le tombeau de celui à qui il a été fait miséricorde par la bonté du Vivant, du Subsistant, Mohammed, fils de Mustapha. Que la miséricorde de Dieu soit sur eux deux. Année 1234.

Cette épitaphe n'offre aucun intérêt historique. L'année 1234 a commencé le 31 octobre 1818 et fini le 19 octobre 1819.

No 95 Inscription arabe en quatre lignes ; caractères faiblement creusés (2) ; type oriental, médiocre. Disque en marbre offrant un diamètre de 0m28 (Inédite).

_____

(1) Le lapicide, reconnaissant qu'il n'avait pas la place nécessaire pour achever le mot المرحوم, a abandonné les quatre lettres qu'il avait déjà tracées, et a écrit ce mot en entier à la ligne suivante

(2) Il ne s'agit pas du système consistant à verser du plomb dans les caractères. La concavité est plus faible, a une autre forme et n'offre pas les petits trous destinés à retenir le métal. J'ai déjà dit que je ne connaissais que trois épigraphes gravées d'après cette méthode, empruntée aux inscriptions romaines.

هذا قبر الحرة

الطّاهرة فاطمة

زوجت القايد المنعم

القـائد محمد رحمه الله

Ceci est le tombeau de la vertueuse (1) et pure Fatma, épouse
du caïd bienfaisant, le caïd Mohammed. Que Dieu lui fasse
miséricorde !

L'emploi du masculin à la dernière ligne pourrait faire croire
que la miséricorde divine est appelée sur le caïd Mohammed,
qu'on devrait alors considérer comme également décédé. Mais
je pense que c'est simplement un nouvel exemple de la substitution fautive et assez commune d'un genre à l'autre. La forme,
inusitée à Alger, de cette stèle ronde, et le système, rarement
employé ici, auquel on a eu recours pour tracer l'inscription
qu'elle contient, font regretter que les renseignements relatifs à
sa provenance fassent absolument défaut.

No 96. Inscription arabe en relief; trois lignes; espèce de
type andalou, bon; bonne exécution. Stèle en marbre; largeur:
0ᵐ40; hauteur (de la partie écrite): 0ᵐ265 (Inédite).

اللّهُمّ انى اعْهد اليك عهدا

في هذه الحيوة الدنيا بانى اشهد ان لا اله

الا انت واشهد ان سيدنا محمّد عبدك ورسولك

O Dieu, je prends envers toi l'engagement solennel, dans la
vie de ce monde, d'attester qu'il n'y a d'autre dieu que toi, et
d'attester que notre seigneur Mohammed est ton adorateur et ton
prophète.

---

(1) Ce mot signifie aussi : *femme libre par son origine, qui n'est
pas née esclave, qui est de bonne naissance.*

Nº 97. Inscription arabe, incomplète ; type barbaresque ; mauvais. Débris de stèle en ardoise ; hauteur : 0m47 ; largeur : 0m28. (Inédite).

هذا قبر

. . . . . . شهيد فى سبيل

الله المرحوم

. . . . اج مصطفى بن

. . . . . . على . . . . . .

Ceci est le tombeau . . . . . martyr dans la voie de Dieu (1), celui qui a été l'objet de la miséricorde divine . . . . . le hadj Mustapha, fils de . . . . . Ali . . . . .

Nº 98. Inscription arabe, incomplète ; type barbaresque, mauvais. Stèle en ardoise, cassée ; largeur : 0m18 ; hauteur : 0m36. (Inédite).

لا اله الا الله محمد

رسول الله صلى الله عليه

وسلم تسليما . . . .

Il n'y a de dieu que Dieu. Mohammed est le prophète de Dieu. Que Dieu répande ses grâces sur lui et lui accorde le Salut !

Nº 99. Inscription arabe en relief ; cinq lignes ; type oriental, mauvais et mal exécuté. Stèle en marbre ; largeur : 0m23 ; hauteur (de la partie écrite) : 0m37. (Inédite).

---

(1) Cette qualification indique qu'il s'agit d'un musulman tué dans un combat livré aux chrétiens.

لا اله الا الله

محمد رسول الله

الصادق الامين صلى

الله عليه وسلم

تسليما كثيرا

Il n'y a de dieu que Dieu. Mohammed est le prophète de Dieu ;
il est sincère, digne de confiance ; que Dieu répande ses grâces
sur lui et lui accorde abondamment le salut !

Nᵉ 100. Inscription arabe, incomplète ; bon type oriental, bien
exécuté en relief (1). Partie supérieure d'une stèle en ardoise,
surmontée d'un croissant, dont les pointes sont cassées ; largeur :
0ᵐ30 ; hauteur : Cᵐ39. (Inédite)

هو الحى الدايم الباقى

لا اله الا الله محمد رسول الله

سبحان من احيانى بعد افنا عمرى

Il est le Vivant, l'Eternel, le Survivant ! Il n'y a de dieu que
Dieu, Mohammed est le prophète de Dieu. Qu'il soit glorifié celui
qui m'a fait revivre après l'anéantissement de ma vie.

Nº 101. Inscription arabe incomplète ; partie supérieure d'une
stèle en marbre, avec arabesques ; largeur : 0ᵐ21 ; hauteur : 0ᵐ28.
(Inédite).

_____

(1) Ce système est rarement employé sur les ardoises, à cause de la
difficulté créée par la friabilité de cette pierre. Ordinairement on indique les caractères au moyen d'un double trait légèrement creusé.

لا اله لا الله

محمد رسول الله

. . . .

Il n'y a de dieu que Dieu. Mohammed est le prophète de Dieu.....

Nº 102. Inscription arabe, incomplète; relief; type barbaresque, médiocre. Partie supérieure d'une stèle en marbre; largeur : 0ᵐ18 ; hauteur : 0ᵐ29. (Inédite).

لا الـ لا الله

محمد رسول الله

الصادق لامين

Il n'y a de dieu que Dieu. Mohammed, le sincère, le digne de confiance, est le prophète de Dieu.....

Nº 103. Fragment de pierre tumulaire (ardoise), mesurant 0ᵐ78 de largeur sur 0ᵐ12 de hauteur. *Sans inscription.*

Nº 104. Fragment d'ardoise provenant d'une tombe et mesurant 0ᵐ27 de largeur sur 0ᵐ17 de hauteur. *Sans inscription.*

Nº 105. Inscription arabe en relief ; trois lignes ; type barbaresque, médiocre. Stèle en marbre, mesurant 0ᵐ21 de largeur sur 0ᵐ35 de hauteur (partie écrite); arabesques au revers. (Inédite).

لا الـ لا الله

محمد رسول الله

الصادق لامين

Il n'y a de dieu que Dieu. Mohammed, le sincère, le digne de confiance, est le prophète de Dieu.

No 106. Inscription arabe en relief; type oriental, mauvais. Fragment de colonnette mesurant 0m30 de hauteur; largeur de chaque face : 0m09. (Inédite).

(sic) الله لا

الا ا

الله

محمد

رسو

ل الله

Il n'y a de dieu que Dieu. Mohammed est le prophète de Dieu.

No 107. Inscription arabe en relief; deux lignes; type oriental, mauvais. Stèle en marbre mesurant 0m20 de largeur sur 0m39 de hauteur. (Inédite).

لا ال لا (sic) الله

(Rosace)

محمد رسول الله

Il n'y a de dieu que Dieu. Mohammed est le prophète de Dieu.

No 108. Pilastre en marbre ayant une hauteur de 2m25 et une épaisseur de 0m18; ornementation sculptée représentant un vase et des branches avec des fleurs; aucune inscription.

No 109. Inscription arabe en relief; quatre lignes; type oriental, mauvais. Stèle en ardoise, ayant une largeur de 0ᵐ28 et une hauteur totale de 0ᵐ60. (Inédite).

لا اله الا الله

الملك الحق المبين

محمد رسول الله

الصادق الوعد الامين

Il n'y a de dieu que Dieu, le Roi, la Vérité, l'Evident. Mohammed est le prophète de Dieu ; il est sincère dans ses promesses et digne de confiance.

Nº 110. Tombeau en pierre, ayant 0ᵐ74 de longueur, 0ᵐ24 de largeur et 0ᵐ18 de hauteur ; partie supérieure en dos d'âne ; renfermant une inscription qui est fruste et qui semble avoir été détruite à dessein ; on peut, cependant, y reconnaître le passage du Coran : كل نفس دايـقـة المـوت, *toute âme goûtera la mort*, qui figure quelquefois dans les épitaphes. Ce tombeau ne doit pas être algérien, car sa forme, qui se rapproche de celle des tombes israélites, n'est pas adoptée par les musulmans de notre ville. Il est regrettable que les renseignements sur sa provenance fassent absolument défaut.

Nº 111. Inscription arabe peinte en jaune sur un fond noir ; beau type oriental ; exécutée par M. Bresnier, en son vivant professeur à la chaire d'arabe d'Alger et calligraphe distingué. Fronton en bois mesurant 1ᵐ44 dans la plus grande largeur et 0ᵐ53 dans la plus grande hauteur ; était probablement placé sur l'entrée d'une salle d'étude.

ادخلوا مقبولين بالفرح ٭ جالسين تحت ظل العلوم

١٢٥٢

١٨٥٨

Entrez : vous serez accueillis avec joie et vous vous assierez à l'ombre des sciences.

(1) 1252.
(2) 1858.

N° 112. Inscription arabe en relief ; cinq lignes, dont les quatre premières ont la même désinence ; bon type oriental. Plaque en marbre mesurant 0m56 de largeur sur 0m54 de hauteur. Remise au Musée par le service des Bâtiments civils, en 1870. (M. Albert Devoulx, Alger).

جدد بناء هذا البيت الجميل

بعون الله الملك الجليل

خزينه دار ابرهيم بن اسمعيل

جزى الله له خيرًا في يوم الجزيل

سنة ثلاثة وثمانون وماية والف

A renouvelé la construction de cette belle chambre, avec l'aide de Dieu, le Souverain, le Grand (3), le Khezinadar (4) Ibrahim, fils d'Ismaïl ! Que Dieu le récompense par le bien au jour de la rétribution. Année mil cent quatre-vingt-trois.

L'année 1183 a commencé le 7 mai 1769 et fini le 26 avril 1770. Cette inscription rappelait le souvenir des embellissements qu'Ibrahim ben Ismaël avait fait exécuter, après sa nomination aux fonctions de kheznadar (5), dans la chambre qu'il habitait, alors qu'il partageait l'existence peu luxueuse des janissaires de l'odjak n° 257, ses compagnons d'armes. Cette fort jolie cham-

(1) Année hégirienne.
(2) Année grégorienne.
(3) Ces deux qualificatifs se rapportent à Dieu et non au personnage dont le nom suit.
(4) Trésorier particulier du dey.
(5) Il devint ensuite kheznadji ou grand-trésorier de la Régence.

bre, un peu basse sous son plafond peint et donnant sur la rue
Bab Azoun, était entièrement tapissée de carreaux vernis et coupée par deux divisions de quatre arcades ogivales que supportaient
trois élégantes colonnes rondes en marbre. En dernier lieu, le
proviseur en avait fait son cabinet.

Après avoir été affectée à un hôpital militaire, la caserne Bab-
Azoun fut occupée pendant plusieurs années par le lycée. Elle a
été démolie en avril 1870 pour faire place à un futur palais de
justice, dont l'emplacement est actuellement garni de constructions provisoires.

No 113. Inscription turque en quatre lignes ; caractères creux
remplis de plomb ; type oriental, bon. Plaque en marbre mesurant 0m405 de largeur sur 0m38 de hauteur. Remis au Musée par
le service des Bâtiments civils, en 1870. (M. Albert Devoulx,
Alger).

ايدوب بنياد قويدى اثرفناده

نظيرى بو قدور لطن سخاده

حسن پاشا وزير حسن خصلت

مكافاتن بوله روز جزاده سنة ١٢١١

Je traduis ainsi d'après Mohammed ben Otsman Khodja :

A fait cette construction afin qu'elle reste comme une trace de
lui dans ce monde périssable, celui qui n'a pas son pareil pour la
bonté et la générosité, Hassan pacha, vizir aux excellentes qua-
lités. Au jour de la Rétribution, il trouvera sa récompense. Année 1211.

L'année ci-dessus a commencé le 7 juillet 1796 et fini le 25
juin 1797. Cette inscription consacrait le souvenir d'embellissements faits par Hassan pacha dans celle des chambres de la caserne Bab-Azoun (ancien lycée), qu'il avait habitée avant son
élévation au pouvoir, alors qu'il partageait le sort des janissaires
composant l'odjak no 138. Cette pièce, donnant sur la mer, était
revêtue en entier d'un parement de carreaux vernis et coupée

par une division formée de quatre arcades ogivales soutenues par trois colonnes cannelées, en marbre. Son plafond point offrait des baguettes dessinant des losanges. Cette belle et élégante chambre était, en dernier lieu, le salon du proviseur.

Nº 114. Inscription turque en quatre lignes ; caractères remplis de plomb ; type oriental, bon. Plaque en marbre mesurant 0ᵐ54 de largeur sur 0ᵐ31 de hauteur. Remis au Musée, en 1870, par le service des Bâtiments civils. (M. Albert Devoulx, *Alger*).

عرب اغاسى ابراهيم اغـا

مال حلالدن ايلدى انـشا

ويـره مرادك اول فـرد الله

جنت ايجنده فردوس اعلا (١) ١٢٤٣

Je traduis ainsi d'après feu Mohammed ben Otsman Khodja :

L'aga des Arabes, Ibrahim aga, de son bien légitime, a établi ce lieu. Que Dieu, l'Unique, réalise ses désirs et l'introduise dans le ciel le plus élevé du Paradis ! Année 1243.

L'année hégirienne indiquée ci-dessus a commencé le 25 juillet 1827 et fini le 13 juillet 1828. Cette inscription rappelait des embellissements faits dans l'une des chambres de la caserne de Bab-Azoun (ancien lycée), par Ibrahim, aga des Arabes de la Régence et beau-fils du dernier dey, lequel perdit contre l'armée française la bataille de Staouéli, le 19 juin 1830. Cette chambre, ornée d'une double colonnade en marbre et d'un revêtement de carreaux en faïence vernie, se trouvait dans la partie occidentale de l'édifice et donnait par conséquent, sur la rue Bab-Azoun. Elle fut le berceau de la bibliothèque publique et avait été affectée, en dernier lieu, au cabinet de physique du lycée. J'ai déjà dit que cette caserne a été démolie en 1870.

(1) Cette date est placée au-dessus du premier mot de la dernière ligne.

No 115. Inscription arabe en relief; six lignes; la 1re ligne manque ainsi que le commencement de la 2e : elles ont été brisées lors de la démolition de la porte de la Marine, en mai 1870 ; type barbaresque, mauvais, mal exécuté. Tablette en marbre de mauvaise qualité. Largeur : 0m48 ; hauteur : 0m585. Remise au musée par le service du Génie en 1871. (M. Albert Devoulx, *Alger*).

Les caractères de cette inscription sont très-enchevêtrés et d'une exécution si mauvaise qu'elle les rend souvent illisibles. De plus, le marbre, de très-mauvaise qualité, a beaucoup souffert du voisinage de la mer et aussi de restaurations effectuées dans une bonne intention mais qui ont eu pour effet de rendre la lecture encore plus difficile. Cette inscription avait disparu sous une épaisse croûte de chaux formée par un grand nombre de couches successives, et n'a été retrouvée que lors des réparations effectuées en 1854. Ces circonstances défavorables m'obligent à faire des réserves très-expresses au sujet de la lecture que je suis parvenu à faire avec beaucoup de peine, mais dont je ne puis garantir l'exactitude. La première ligne et le commencement de la 2e existaient lorsque j'ai fait un estampage vers 1868, mais on les a détruites accidentellement lors de la démolition de la porte de la Marine, en mai 1870.

Voici un essai de lecture que je ne présente que sous réserves :

بحمده هذا باب جديد سعيد * جهازها فيد لنا نعم المجيد من

الاله الحميد

فى ايام السلطان مراد صان علاه المجيد * فقلت اهلا يا باب

لا فارقتك السعود

مفتوحا فانت باب جود ونصر جديد * ولقد تك حداك

ديار فيها جنود

فى يوم هيد سرور وتهزم اسود * نصرلهم وفتح قريب وفضل وجود

تنمه المعلم موسى كلاندلسى الفريد ٭ فالله يجزيه .... حافظا
جميع الوجود

وذلك فى دولة مولانا حسن پاشا ٭ ايده الله عام ١٠٣٩

A sa louange, ceci est une porte nouvelle, heureuse. ·. Son
existence nous procurera la plus grande gloire de la part du
Dieu dignes d'éloges.

(Elle a été établie) pendant les jours du sultan Mourad,
que le Glorieux (Dieu), perpétue son élévation. ·. Je dis donc :
sois la bienvenue, ô porte ! que les félicités ne t'abandonnent
pas !

Tant que tu seras ouverte, tu seras la porte de la générosité et
d'une nouvelle victoire· ·. Tu as dans ton voisinage deux casernes renfermant des troupes

qui dans un jour de fête manifesteront leur allégresse et bon-
diront comme des lions. ·. Pour elles un triomphe, une victoire
nouvelle et la supériorité sont préparés.

L'a achevée le maître (maçon) Moussa l'andalou, l'unique. ·.
Que le récompense Dieu.... ·., gardien de toutes les créatures.

Et cela sous le règne de notre maître Hassan pacha . ·., que
Dieu l'assiste ! année 1039.

Les deux casernes dont il est question dans la 2e partie de la
3e ligne, sont la caserne dite d'Osta Moussa, aujourd'hui caserne Lemercier et celle qui était en face et qu'on nommait Dar
eddroudj (caserne de l'escalier) parcequ'on y accédait par quelques marches. Elles étaient toutes les deux presque contigües à
la porte de la Marine. Dans la date, le zéro est représenté par le
signe ٥ qui vaudrait 5 aujourd'hui. L'année hégirienne 1039 a
commencé le 21 août 1629 et fini le 9 août 1630.

Cette inscription surmontait la porte placée à l'extrémité de la
rue de la Marine et formant la seule communication entre la
ville et le port. Les Européens ont successivement appelé cette
issue: porte du Môle, porte de la Douane, porte de la Marine, et,
depuis 1830, porte de France. Les indigènes lui donnaient in-
différemment deux noms : Bab-el-Djihad, la porte de la guerre

sainte, dénomination des plus significatives surtout employée dans les écrits, et *Bab-Dzira*, contraction de *Bab-el-Djezira*, la porte de l'île, en souvenir du principal des îlots sis en face de la ville et sur lesquels ont été établis les jetées formant le port. Le nom de *Bab-Dzira* s'employait aussi pour désigner le port, la Marine, l'ensemble des établissements maritimes. Au dessus de la porte qui nous occupe, existaient, gravées sur une pierre et recouvertes de peintures, les armoiries ci-contre, qu'on pourrait décrire ainsi :

Ecusson en forme de cœur reposant par la pointe sur une boule et placé sous une couronne surmontée d'un croissant. Dans le champ, étoile formée de deux triangles entrecroisés, avec croissant au centre, ce qui s'appelle à Alger *Khatem Sidna Sliman* (le sceau de notre seigneur Salomon) ; quatre drapeaux tricolores (rouge, vert, jaune), placés par deux de chaque côté et en sautoir, accompagnaient cet écusson qui avait pour supports deux lions grimpants dont les pattes de derrière reposaient sur des canons, et qui était surmonté de deux navires (1). Les musulmans n'ayant pas adopté l'usage des armoiries, il est évident que pour eux ce dessin était simplement une ornementation et n'avait nulle autre signification. Ces armoiries de fantaisie devaient être l'œuvre d'un esclave chrétien qui lors de la reconstruction de la porte aura mis au service des Turcs ses talents en sculpture et ses souvenirs héraldiques, si inopportuns que fussent ces derniers. Lors des réparations faites en 1854, ces armoiries étaient en si mauvais état, grâce à la mauvaise qualité de la pierre et à l'effet destructeur de l'air de la mer, que le Génie les jeta à l'eau après en avoir exécuté une reproduction en plâtre colorié, laquelle figura aux lieu et place de l'original jusqu'en 1870, époque à laquelle elle fut complétement détruite par la démolition de la porte.

En 1570, un étendard à la croix blanche de Malte, une bannière avec la tête de St-Jean-Baptiste, et des boucliers, pris sur les chevaliers de Malte, étaient suspendus à la porte de la Ma-

---

(1) Une partie de cette description est empruntée à Berbrugger.

rine. Ces trophées furent enlevés et brûlés devant le pacha Hassan, rénégat vénitien, huit ans après, sur la réclamation des marabouts et des ulemas, scandalisés que les emblêmes de la religion chrétienne ornassent, même à titre de dépouilles, la porte d'une ville musulmane.

Les cloches trouvées à Oran lors de la prise de cette ville sur les Espagnols, en 1708, figurèrent aussi sur cette porte pendant quelque temps. Au dessous de l'arcade intérieure on remarquait une côte énorme que les indigènes disaient provenir de géants dont on aurait trouvé les ossements monstrueux en creusant les fondations des premières maisons d'Alger, mais qui, en réalité, appartenait à quelque cétacé échoué jadis sur le littoral (1).

Cette issue importante était défilée et contre défilée. Elle se composait de voûtes qui au moyen de trois coudes à angle droit venaient déboucher dans la rue de la Marine. Au fond de la première voûte était établie, au-dessus d'une estrade en maçonnerie, une niche réservée au bouab ou portier-consigne qui s'y tenait depuis l'aurore jusqu'au commencement de la nuit. Une de ces voûtes existe encore au rez-de-chaussée de la caserne Lemercier.

En mai 1870, cette ancienne porte de la ville, restaurée en 1854, mais qui n'était plus utilisée et qu'on conservait comme souvenir, a été démolie pour l'agrandissement des annexes de la caserne Lemercier.

No 116. Inscription turque en relief; quatre lignes; incomplète, la partie de droite manquant; bon type oriental. Partie gauche d'une plaque de marbre; largeur : ; 0m49 ; hauteur : Cm44 ; donnée au Musée par M. Bosquet, en 1872. (M. Albert Devoulx, *Revue africaine*, tome 16, page 144. Le même, *Alger*.

حيات ويسر رهـر اسانه . . . .

. . . . بـز نثارايهون قودى خيراهل ميدانه

. . .اس ميدان عجب سعى بليغ اتدى

(1) Berbrugger.

7

دوشدی تاریخی (۱) د... انی غـنجـه بازه ...

-Je traduis ainsi d'après feu Mohammed ben Otsman Khodja.

· · · · · · · · il donne aux créatures toutes les commodités.

· · · · · · · · · pour les largesses, il l'a établi comme un bienfait à l'usage des gens de l'arène.

· · · · · · · · Il a accompli une œuvre digne de la plus grande admiration, pour les gens de l'arène.

· · · · · · · · Sa date est renfermée dans (les mots suivants) : le gouverneur de son époque est un bouton de rose.

Suivant l'habitude, le chronogramme annoncé n'offre pas toute la clarté désirable. Comme l'addition des trois derniers mots du texte turc forme un total de 1386, ce qui est un résultat inadmissible, il faut se restreindre aux deux derniers mots, lesquels donnent pour somme le nombre 1116, date possible et qui correspondrait à l'année 1704-1705 de J.-Chr.

Cette inscription a été recueillie par M. Bosquet au moment où elle allait être détruite par les ouvriers qui démolissaient un bâtiment dans lequel elle gisait, ignorée, depuis bien des années. Personne n'a donc pu donner de renseignements sur sa provenance. D'après les recherches que j'ai effectuées, elle devait rappeler la construction d'un local bâti à l'usage des *meguarchia* ou lutteurs, qui se livraient à leurs exercices sur un midan (arène) sis hors de la porte du Ruisseau (Bab-el-Oued), près du palmier des fours à chaux (1).

---

(1) Un coup de pioche a enlevé le mot qui suit تاریخی et n'a laissé que la première lettre, un د isolé. On distingue cependant la partie supérieure d'un ط lié gauche seulement, et suivant immédiatement le د. Il est à supposer que le groupe دهر se trouvait en cet endroit.

(2) Voir l'article que j'ai publié dans la *Revue africaine*, tome 16, page 143.

RECTIFICATION.

Inscription n° 16.

Cette inscription turque, gravée sur une plaque et non sur une *stèle*, forme trois lignes et non *une seule ligne divisée en trois cartouches.* (1) Elle se lit ainsi :

علی باشا نشان ایچون بوعینه

قتی زیاد اندای بنی روانه

سنة ستة وسبعون ومایة والف

M. le capitaine d'Etat-major Delcambe a relevé cette inscription, dans les deux ou trois premières années de la conquête française (2), en l'indiquant comme figurant sur une fontaine appelée *Aïn el-Kiçaria*. Cette note prise sur place avant la transformation des lieux, par un travailleur intelligent et digne de confiance, dissipe l'incertitude qui existait au sujet de la provenance de l'inscription dont il s'agit. La quartier *d'El-Kiçaria* a été démoli, peu de temps après 1830, pour l'établissement de la place du Gouvernement, et il est facile de comprendre ce qui s'est passé ; la plaque de la fontaine, au lieu d'être mise en sûreté par les agents de l'administration, est tombée entre les mains de spéculateurs ou de collectionneurs inintelligents, a été utilisée dans une campagne sise à Hussein-Dey, et donnée enfin, par M. Sabatault au Musée, en 1845, sans que le souvenir de son ancienne affectation se fut conservé. Bien des épigraphes ont été détruites ou détournées sans profit pour personne, et malheureusement le procédé louable de M. Sabatault n'a pas toujours été imité.

*

La section indigène du Musée archéologique d'Alger offre

----

(1) C'est en recopiant les notes que j'avais prises, que j'ai commis cette erreur, résultat d'une confusion.

(2) Voir la note du N° 30.

cent seize numéros d'ordre, ci. 116

Auxquels il faut ajouter six numéros bis 6

Total. 122

Les objets sans inscription, étant au nombre de. . . 13

Le nombre des inscriptions est réellement de. . . . 109

A déduire une inscription hébraïque et deux inscriptions latines, soit 3

Les inscriptions turques et arabes s'élèvent à. 106

On compte :

Inscriptions turques. 28

Inscriptions arabes. 78

Total égal. 106

Ces 106 épigraphes turques et arabes se divisent en épitaphes et en inscriptions rappelant des constructions et divers travaux, savoir :

ÉPITAPHES.

—

1° Epitaphes de pachas (N⁰ˢ 7, 8, 11, 20, 21, 42, 60) 7

2° Epitaphes de parents de pachas (N⁰ˢ 4, 43). . 2

3° Epitaphes de fonctionnaires divers (N⁰ˢ 13, 14, 23, 47, 88). 5

4° Epitaphes de particuliers. 14

5° Epitaphes de pieds (ne renfermant aucun nom). 24

6° Epitaphe illisible. 1

53

A reporter. . . . 53

Report. . 53

INSCRIPTIONS

Fortifications.
- Forts (Nᵒˢ 1, 19, 29, 31, 65, 74) 6
- Porte de la Marine (Nᵒ 115). 1 } 8
- Fossé de l'enceinte (Nᵒ 24). . 1

Casernes (Nᵒˢ 9, 25, 33, 44, 45, 66, 80, 112, 113, 114). 10

Magasins aux grains (Nᵒˢ 32, 34, 78). 3

Jénina ou ancien palais des pachas (Nᵒˢ 27, 37, 38, 39, 84). . . . . 5 } 47

Edifices religieux (Nᵒˢ 2, 17, 36, 46, 50, 54, 75, 76, 81, 86, 87). 11

Edifices inconnus. . . . . 3 } 52

Fontaines (Nᵒˢ 3, 16, 18, 35, 48, 79). 6

Arène des lutteurs (Nᵒ 116). 1

Pont de l'Harrach, près d'Alger — (Nᵒ 92). . 1

Constantine (Nᵒ 26) . . . . 1 } 5

Médéa (Nᵒˢ 49, 90, 91). 3

Inscription peinte par Bresnier. 1

Total égal. **106**

UN MUSÉE MURAL A ALGER

Le 8 mars 1845, vers dix heures du soir, une violente explosion mettait la population d'Alger en émoi : une poudrière venait de sauter à la Marine, en faisant de nombreuses victimes et en détruisant une partie des ouvrages qui avoisinaient le phare. Sur la façade d'une poudrière construite quelque temps après, dans une portion de la brèche créée par ce sinistre dont les causes sont restées ignorées, le Génie a encastré une certaine quantité d'inscriptions arabes, turques, hébraïques et espagnoles. Les pièces de ce musée en plein vent proviennent, en général, des cimetières de Bab-el-Oued, et on aurait pu les utiliser plus convenablement qu'en les transportant de si loin en ce lieu solitaire où les piques des artilleurs en faction tiennent à distance respectueuse les épigraphistes trop curieux (1).

La porte de la nouvelle poudrière est garnie d'un encadrement en marbre surmonté d'une double inscription turque, qui provient du fort appelé *Bordj essardine* (le fort des sardines). A cinquante centimètres du sol, sont placées vingt-quatre inscriptions, dont treize à gauche et onze à droite de la porte. Je vais les publier en leur donnant un numéro d'ordre basé sur la position qu'elles occupent pour celui qui tournant le dos à la ville, les compte en commençant par la gauche.

---

(1) Pour relever ces inscriptions, j'ai dû me munir d'une autorisation spéciale, qui m'a d'ailleurs été accordée avec une bonne grâce et un empressement pour lesquels j'exprime ici toute ma reconnaissance.

No 1 (1). Inscription turque en quatre lignes.

ابراهيم بك اتدى بوبيتى معمور

ويره حق جنت اجنده عالى مقصور

يازيلوب تاريخى بيت رودسلى

چونقش ايدن اوله دائما مبرور

Je traduis ainsi d'après feu Mohammed ben Otsman Khodja.

Ibrahim bey a fait cette chambre florissante. Que la vérité (Dieu) lui donne dans le paradis le plus élevé des palais ! Sa date se trouve dans ces mots : la chambre du Rhodien. Puisse l'ouvrier qui a gravé cette inscription être sans cesse agréable à Dieu.

En opérant d'après la méthode barbaresque (2) on trouve 962, année hégirienne qui correspondrait à l'année 1554-55 de J.-Ch. Mais j'ai eu trop souvent occasion de constater l'inexactitude et l'obscurité des chronogrammes pour présenter ce résultat comme certain. Cette inscription rappelait évidemment le souvenir de dépenses voluptuaires faites dans une chambre de caserne, mais il est impossible d'établir quelle était cette caserne.

No 2. Inscription arabe en trois lignes.

هذا قبر المرحوم

بكرم الله

مصطفى بن محمود

----

(1) Les inscriptions numérotées par moi de 1 à 13, sont sises à gauche de la porte de la poudrière.

(2) La méthode orientale ne donne que 722, ce qui est un résultat absolument inadmissible.

Ceci est le tombeau de celui à qui il a été fait miséricorde par la bonté de Dieu, Mustapha ben Mahmoud.

No 3. Inscription arabe en cinq lignes.

لا اله الا الله محمد

رسول الله الصادق الوعد

المبين صلى الله عليه و

على اله وصحبه

وسلم تسليما

Il n'y a d'autre Dieu que Dieu. Mohammed est l'envoyé de Dieu ; il est sincère dans ses promesses ; il explique clairement. Que Dieu répande ses grâces sur lui, ainsi que sur sa famille et sur ses compagnons et qu'il leur accorde le salut.

No 4. Inscription arabe en trois lignes.

لا اله الا الله الملك الحق المبين محمّد

رسول الله صادق الوعد لامين صلّى الله

عليه وعلى اله وسلم

Il n'y a d'autre dieu que Dieu, le Souverain, la Vérité, l'Evident. Mohammed est l'envoyé de Dieu ; il est sincère dans ses promesses et digne de confiance. Que Dieu répande ses grâces sur lui ainsi que sur sa famille, et qu'il leur accorde le salut.

No 5 Inscription turque en quatre lignes.

اه من الموت

بو مرقده هركيم ايدرسه

دعا ايده محشرده شفاعت مجتبا

مرحوم ومغفور له

Je traduis ainsi d'après feu Mohammed ben Ostman Khodja.

Que la mort est affligeante ! Quiconque priera sur cette tombe, obtiendra, le jour de la réunion du genre humain, le pardon et la miséricorde (de Dieu), par l'intercession (du prophète).

N° 6. Inscription arabe.

لا اله الا الله المالك الحق المبين محمد

رسول الله الصادق الوعد الامين صلى الله

Fragment d'une autre stèle.

الملك لله

Il n'y a d'autre dieu que Dieu, le Souverain, la Vérité, l'Evident. Mohammed est l'envoyé de Dieu ; il est sincère dans ses promesses, digne de confiance. Que Dieu répande ses grâces....

(Autre fragment).

La royauté appartient à Dieu.

N° 7. Inscription française.

LIMITE DES RAVAGES DE L'EXPLOSION DU 8 MARS 1845.

N° 8. Inscription arabe en cinq lignes.

هذا قبر المرحوم محمد ابن على

ابن المهدى رحمه الله

وكانت وفاته في شهر الله

ذى الحجة

سنة ١٢٣٣

Ceci est le tombeau de celui à qui il a été fait miséricorde, Mohammed fils d'Ali, fils d'El-Meledi. Que Dieu lui fasse miséri-

7*

corde. Son décès a eu lieu dans le mois de Dieu doul-Hidja de l'année 1233.

La date indiquée ci-dessus est comprise entre le 2 et le 30 octobre 1818.

Nº 9. Inscription turque en cinq lignes.

آه من الموت

بو مرقده هركيم ايدرسه دعا

ايده محشرده شفاعت محتنا

روحنه الفاتحه

سنة ١٢٣٠

Que la mort est affligeante! Quiconque priera sur cette tombe obtiendra l'intercession (du prophète) le jour de la réunion (du genre humain). La Fateha (1) pour son âme! Année 1230.

L'année indiquée sur cette épitaphe a commencé le 14 décembre 1814 et fini le 2 décembre 1815.

Nº 10. Inscription arabe en deux lignes.

هذا قبر المرحوم بكرم الله

محمد بن مام غفر الله لهما توفى سنة ١٠١٩

Ceci est le tombeau de celui à qui il a été fait miséricorde par la bonté de Dieu,

Mohammed fils de Mami, que Dieu fasse miséricorde à tous les deux. Il est décédé en 1019.

L'année ci-dessus a commencé le vendredi 26 mars 1610 et fini le mardi 15 mars 1611.

---

(1) Voir le nº 7 du catalogue du Musée.

Nº 11. Inscription arabe en deux lignes.

لا الٰه الا الله محمد رسول الله

الصادق الوعد المبين

Il n'y a d'autre divinité que Dieu. Mohammed est l'envoyé de Dieu, Sincère dans ses promesses, Évident.

Nº 12. Inscription arabe en deux lignes.

لا اله الا الله محمد رسول الله الصادق الامين صلى الله

عليه وسلم

Il n'y a d'autre divinité que Dieu. Mohammed est l'envoyé de Dieu ; il est sincère, digne de confiance. Que Dieu répande ses grâces sur lui et lui accorde le salut !

Nº 13. Inscription turque (deux lignes).

عمر باشا حق ويرسك عمر بوني خوش ايلدى

يول الوبن براوده شمددن تعمير ايلدى

سنة ١٢٣١

Je traduis ainsi d'après feu Mohammed ben Otsman Khodja.

Omar Pacha a effectué ici la plus belle œuvre. Que Dieu prolonge son existence ! Il a supprimé actuellement le chemin qui passait par là et a restauré cette chambre. Année 1231.

L'année hégirienne 1231 a commencé le 3 décembre 1815 et fini le 20 novembre 1816. Le pacha Omar fils de Mohammed, sous le règne duquel eurent lieu l'expédition américaine commandée par le commodore Decatur, en 1815, et le bombardement d'Alger en 1816, par la flotte anglo-hollandaise sous les ordres de lord Exmouth, appartenait à l'odjak (compagnie) de janissaires nº 232, lequel était logé dans la chambre dite *bit Baba Hassan*, la huitième à droite en franchissant la porte d'entrée de la caserne d'*eddroudj* (des escaliers), ainsi nommée parce qu'on y accédait par quelques marches. Cette caserne, que nous nommâmes *ca-*

serne des Consuls, en 1830, parce qu'elle était en face de la rue
de ce nom, fut démolie peu d'années après la conquête. Il me
paraît assez probable que l'inscription qui nous occupe provient
de cet édifice.

No 14 (1). Inscription turque en quatre lignes.

ھتى صرف ايلـه تهيد احسان ايلدى

قصد ايدوب رضاء حق بيت تجديد ايلدى

بيكث ايكيوز تاريخنده اول محمد عرب بك

جهلة خيراته بونى الحاقم تـقييد ايلدى

Je traduis ainsi d'après feu Mohammed ben Otsman Khodja.

Dans sa sollicitude et sa bienfaisance constante.

Il a restauré cette chambre dans le but de mériter la satisfaction de la Vérité (Dieu).

En l'année mil deux cents. Et il est Mohammed bey de l'Ouest.

Cela sera ajouté à l'inscription de tous ses bienfaits.

L'année hégirienne 1200 a commencé le 4 novembre 1785 et
fini le 26 octobre 1786. il s'agit évidemment de dépenses voluptuaires effectuées par le bey Mohammed dans la chambre
qu'il habitait quand il n'était que simple janissaire. Mais
je n'ai pu reconnaître dans quelle caserne se trouvait cette
chambre que le soldat parvenu au pouvoir avait embellie pour
se concilier les sympathies de ses anciens compagnons d'armes.

No 15. Inscription arabe en quatre lignes.

هذا قبر المرحوم المنغمس في رحمة الحى

القيوم السيد الحاج ابراهيم ابن المرحوم

ابراهيم باشا رحمه الله ورحم المسلمين اجمعين

امين سنة ١٢١٠

---

(1) A partir de ce numéro les inscriptions sont à droite de la porte
de la poudrière en entrant.

Ceci est le tombeau de celui à qui il a été fait miséricorde,
qui est plongé dans la miséricorde du Vivant,

de l'Immuable, le Seigneur El-Hadj Ibrahim, fils du défunt
Ibrahim pacha. Que Dieu lui fasse miséricorde et fasse miséricorde à tous les musulmans.

Amen ! année 1210.

Un intérêt historique, très-faible il est vrai, s'attache à cette
épitaphe de fils de pacha, dont la date est comprise entre le 18
juillet 1795 et le 6 juillet 1796.

Nº 16. Inscription arabe en trois lignes.

هذا قبر المرحوم بكرم الله الحى القيم

امحمّد بن محمد بن عمار رحمه الله يا رب

العالمين توفى فى اول شهر صفر سنة ١١٥٥

Ceci est le tombeau de celui à qui il a été fait miséricorde par
la bonté de Dieu, le Vivant, le Subsistant,

Emhammed fils de Mohammed fils d'Amar, que Dieu lui fasse
miséricorde, ô souverain

de l'Univers ! Il est décédé au commencement du mois de
Safar de l'année 1155.

La date ci-dessus est comprise entre le 7 et le 16 avril 1742.

Nº 17. Inscription arabe en trois lignes.

لا اله الا الله محمد رسول الله الصادق

الامين صلى الله عليه وسلم تسليما كثيرا الى

يوم الدين

Il n'y a d'autre dieu que Dieu. Mohammed est l'envoyé de
Dieu ; il est sincère,

digne de confiance. Que Dieu répande ses grâces sur lui et lui
accorde abondamment le salut jusqu'au jour de la rétribution.

N° 18. Inscription turque en cinq lignes.

اه من الموت

بو مرقده هركيم ايدرسه دعا

ايده محشرده شفاعت مجتنا

روحنه الفاتحه

سنة ٣٨ . .

Hélas ! La mort !

Quiconque priera sur cette tombe, obtiendra l'intercession au jour de la Réunion. La Fateha (1) pour son âme ! Année ...38.

N° 19. Inscription française.

DÉBRIS

DE TOMBEAUX

PROVENANT

DES FORTIFICATIONS

DE BAB-EL-OUED.

Cette plaque nous apprend que les épitaphes ou portions d'épitaphes qui figurent dans cette collection murale ont été recueillies par le Génie lors de l'établissement de la nouvelle enceinte d'Alger, dans la partie sise en avant de l'ancienne porte Bab-el-Oued. Mais elle généralise trop, car il est incontestable que les quatre inscriptions portant les N°s 1, 13, 14 et 24 de ma série, ont été trouvées ailleurs que dans les cimetières de ce quartier. D'un autre côté, il n'est malheureusement que trop certain que ce musée en plein vent ne contient qu'une bien petite partie des nombreuses épigraphes qu'offrait l'ancien état des lieux.

N° 20. Inscription turque en cinq lignes.

اه من الموت

بو مرقده هركيم ايدرسه دعا

---

(1) Premier chapitre du Coran.

أيده محشوره شفاعت ميتنا
روحنه الفاتحه
سنة ٢٨ . .

Hélas ! la mort !

Quiconque priera sur cette tombe, obtiendra l'intercession du (prophète) au jour de la Réunion (du genre humain). La Fateha pour son âme ! Année... 28.

No 21. Inscription arabe en trois lignes.

لا اله الا الله المالك الحق المبين
محمد رسول الله صادق الوعد الامين
صلى الله عليه وسلم

Il n'y a d'autre dieu que Dieu, le Possesseur, la Vérité, l'Evident.

Mohammed est le prophète de Dieu ; il est sincère dans ses promesses et digne de confiance.

Que Dieu répande ses grâces sur lui et lui accorde le salut !

No 22. Inscription arabe en quatre lignes.

هذا قبر المرحوم بكرم الله محمد
بن رمضان رحمه الله مات في شهر
جمادى الاخير عام سبعة وخمسين بعد
الالف

Ceci est le tombeau de celui à qui il a été fait miséricorde par la bonté de Dieu Mohammed,

fils de Ramdan, que Dieu lui fasse miséricorde ! Il est mort dans le mois

de djoumada dernier, de l'année cinquante-sept après mille.

La date indiquée sur cette épitaphe sans importance, est comprise entre le 4 juillet et le 1er août 1647.

N° 23. Inscription arabe en trois lignes.

هدا قبر المرحوم بكرم الله ابراهيم

بن الحاج محمد العربى بن جبج ابراهيم

عـام ١١٥٥

Ceci est le tombeau de celui à qui il a été fait miséricorde par la bonté de Dieu, Ibrahim,

fils d'El-Hadj Mohammed l'arabe (el-Arbi), fils de Tchebtchi Ibrahim.

An 1155.

L'année hégirienne indiquée ci-dessus a commencé le 8 mars 1742 et fini le 24 février 1743.

N° 24. Inscription arabe en cinq lignes.

جدد هذا المكان الجميل الاوفى

قاصدا رضاء من له العزوكفى

عشجى على بن المرحوم مصطفى

سنة اربع وثمانين وماية والف

من هجرة صاحب الوفى

A reconstruit ce lieu béni et complet,

dans l'intention de mériter la satisfaction de celui qui possède la puissance, et il suffit.

Ahtchi Ali, fils du défunt Mustapha.

En l'année mil cent quatre-vingt-quatre

de l'émigration de celui qui est sincère.

L'année hégirienne 1184 a commencé le 27 avril 1770 et fini le 15 avril 1771. Cette inscription est semblable à celle qui porte le N° 25 du catalogue du musée, laquelle présente, toutefois, la variante رب له العز au lieu de من له اللعز à la seconde ligne. Il m'a été impossible de reconnaître de quel édifice elle provient.

No 25 et dernier. Inscription espagnole en cinq lignes, placée au-dessus des inscriptions arabes, à gauche de la porte de la poudrière, en entrant (1). Caractères en relief; très-mauvaise exécution.

SEDSpAChO

ESECASTILLO

EL ANO D 1777

MAESTRO DMI

TRILIBADIOTI

Le D de la première ligne et celui de la troisième renferment évidemment un E sous-entendu. La 5e lettre et la 8e lettre de la première ligne sont frustes; je crois que l'une est un P et l'autre un H. On pourrait alors lire comme il suit :

Se despacho

Ese castillo

El ano de 1777

Maestro D. M. J.

Trilibadioti.

A achevé ce fort, en l'année 1777, maître D. M. J. Trilibadioti.

Cette inscription se trouvait placée, avant 1845, dans la cour intérieure du fort dit *Bordj essardine*, à la Marine. Il me paraît certain qu'elle provient de l'un des forts d'Oran et qu'elle aura été apportée ici, après la seconde prise de possession de cette ville par les Algériens, en 1792, comme l'avaient été les cloches en 1708. On ne saurait expliquer autrement, ce me semble, la présence à Alger, d'une inscription qui ne peut appartenir à aucun des ouvrages de cette ville.

---

(1) A côté de cette plaque se trouvent quatre inscriptions en caractères hébraïques, lesquelles sont probablement des épitaphes.

DU MÊME AUTEUR

1° OUVRAGES PUBLIÉS :

TACHERIFAT, recueil des notes sur l'administration de l'ancienne Régence d'Alger. Vol. in-8°. Alger. Imp. du Gouvernement, 1852.

HABOUS (Notice sur le). Alger, 1853.

COOPÉRATION DE LA RÉGENCE D'ALGER à la guerre de l'indépendance grecque. Alger, 1858.

LE RAIS HAMIDOU, notice biographique sur le plus célèbre corsaire algériens du XIII° sciècle de l'hégire. Vol. in-12. Alger, Dubos, 1859, Prix : 2 fr.

CONCORDANCE DES CALENDRIERS GRÉGORIEN ET HÉGIRIEN pour le XIII° siècle de l'hégire. Alger, Madame Veuve Philippe, 1860. Prix : 1 fr. 50 c.

LES CORPORATIONS RELIGIEUSES D'ALGER. Alger, Bastide, 1861. Brochure in-8°. Prix : 0 fr. 50.

LES ARCHIVES DU CONSULAT DE FRANCE A ALGER. Alger Bastide, 1865. Vol. in-8°. Prix : 3 fr. 50 c.

LE LIVRE DES SIGNAUX DE LA FLOTTE ALGÉRIENNE, traduction, avec pavillons coloriés, d'un document inédit et authentique, tirés à 100 exemplaires numérotés Alger, 1867. Prix : 5 fr.

LA MARINE DE LA RÉGENCE D'ALGER. Alger, 1869, vol. in-8°. Prix : 1 fr.

LES ÉDIFICES RELIGIEUX DE L'ANCIEN ALGER. Alger, 1870, vol. in-8°. Prix : 4 fr.

LE LIVRE D'OR DES ISRAÉLITES ALGÉRIENS, recueil de renseignements authentiques sur les principaux négociants juifs d'Alger, pendant la domination ottomane (par J. M. Haddey). Alger, 1872. Vol. in-15. Prix : 1 fr. 25 c.

LE REGISTRE DES PRISES MARITIMES, traduction d'un document authentique et inédit concernant le partage des captures amenées par les corsaires algériens. Vol. in-8°. Alger, 1872.

2° OUVRAGES TERMINÉS

ALGER, étude archéologique et topographique sur cette ville aux époques romaine (Icosium), berbère (djezaïr Beni Mazr'anna) et turque (El-Djezaïr), accompagnée de cartes, plans, fac-simile d'inscriptions, vues et dessins, ouvrage couronné au concours académique d'archéologie en 1870 (Algérie).

INVENTAIRE général des archives du consulat général de France à Alger.

GRAND DICTIONNAIRE FRANÇAIS-ARABE, contenant tous les mots (avec les voyelles) de l'idiome littéral et des dialectes parlés en Algérie. 2 vol. grand in-8° de 1200 pages, sur 2 colonnes.

DICTIONNAIRE ARABE-FRANÇAIS, contenant les mots les plus usités de l'idiome littéral (avec les voyelles), et tous les mots des dialectes parlés dans les diverses parties de l'Algérie ; avec les pluriels, le fémimin, l'indication du genre, etc., Un vol. grand in 8° de 1600 pages, environ, sur 2 colonnes.

3° OUVRAGES EN PRÉPARATION

L'ODJAK D'ALGER, étude sur l'organisation politique et militaire de la Régence d'Alger, accompagnée d'environ 500 documents inédits et authentiques.

EL MEKHAZENIYA, étude sur l'organisation administrative et judiciaire de la Régence d'Alger, accompagnée d'environ 400 documents inédits.

LES CHEFS DE LA RÉGENCE D'ALGER, essai de chronologie des pachas, agas, deys et pachas-deys d'Alger avec documents, renseignements et fac-simile de cachets.

LA CHRÉTIENTÉ DEVANT LA RÉGENCE D'ALGER, notice sur les tributs payés à Alger par diverses puissances européennes.

GLANÜRES HISTORIQUES, recueil de documents inédits concernant l'histoire intérieure d'Alger ; avec notes et éclaircissements.

CHRESTOMATHIE HISTORIQUE, recueil de documents inédits relatifs à l'histoire extérieure d'Alger ; avec notes et éclaircissements.

LE REGISTRE DES ESCLAVES CHRÉTIENS, traduction d'un document inédit et authentique concernant la vente des chrétiens capturés par les corsaires algériens.

LES RAIS ALGÉRIENS, notice sur les plus célèbres corsaires d'Alger.

TABLETTES ALGÉRIENNES, recueil de renseignements hishistoriques concernant les relations de la Régence d'Alger avec l'Egypte et les Régences de Tunis et de Tripoli.

VENT-DANS-LES-ROSEAUX, notice sur une célèbre courtisane algérienne.

HISTOIRE D'ALGER.

Alger. — (Maison Bastide.) Typ. A. Jourdan.

Original en couleur

NF Z 43-120-8

DU MÊME AUTEUR

1° OUVRAGES PUBLIÉS

TACHERIFAT, recueil des notes sur l'administration de l'ancienne Régence d'Alger. Vol. in-8°. Alger. Imp. du Gouvernement, 1852.

HABOUS (Notice sur le). Alger, 1853.

COOPÉRATION DE LA RÉGENCE D'ALGER à la guerre de l'indépendance grecque. Alger, 1858.

LE RAIS HAMIDOU, notice biographique sur le plus célèbre corsaire algérien du XIIIᵉ siècle de l'hégire. Vol. in-12. Alger, Dubos, 1859. Prix : 2 fr.

CONCORDANCE DES CALENDRIERS GRÉGORIEN ET HÉGIRIEN pour le XIIIᵉ siècle de l'hégire. Alger, Mᵐᵉ veuve Philippe, 1860. Prix : 1 fr. 50 c.

LES CORPORATIONS RELIGIEUSES D'ALGER. Alger, Bastide, 1861. Brochure in-8°. Prix : 0 fr. 50 c.

LES ARCHIVES DU CONSULAT DE FRANCE A ALGER. Alger, Bastide, 1865. Vol. in-8°. Prix : 3 fr. 50 c.

LE LIVRE DES SIGNAUX DE LA FLOTTE ALGÉRIENNE, traduction, avec pavillons coloriés, d'un document inédit et authentique, tirés à 100 exemplaires numérotés. Alger. 1867. Prix : 5 fr.

LA MARINE DE LA RÉGENCE D'ALGER. Alger, 1869, vol. in-8°. Prix : 1 fr.

LES ÉDIFICES RELIGIEUX DE L'ANCIEN ALGER. Alger, 1870. Vol. in-8°. Prix : 4 fr.

LE LIVRE D'OR DES ISRAÉLITES ALGÉRIENS, recueil de renseignements authentiques sur les principaux négociants juifs d'Alger, pendant la domination ottomane (par J. M. Haddey). Alger, 1872. Vol. in-16. Prix : 1 fr. 25 c.

LE REGISTRE DES PRISES MARITIMES, traduction d'un document authentique et inédit, concernant le partage des captures amenées par les corsaires algériens. Vol. in-8°, Alger, 1872.

2° OUVRAGES TERMINÉS

ALGER, étude archéologique et topographique sur cette ville aux époques romaine (Icosium), berbère (Djezaïr Beni-Mazr'anna) et turque (El-Djezaïr), accompagnée de cartes, plans, fac-simile d'inscriptions, vues et dessins ; ouvrage couronné au concours académique d'archéologie en 1870 (Algérie).

www.ingramcontent.com/pod-product-compliance
Lightning Source LLC
Chambersburg PA
CBHW051718090426
42738CB00010B/1965